Wir entdecken und bestimmen

Greifvögel
und Eulen

Peter Holden / Richard Porter

Deutsche Fassung
von Hans Joachim Conert
Illustrationen von
Ian Wallace und David Wright

Otto Maier Ravensburg

Inhalt

Deutsche Erstausgabe
als Ravensburger Taschenbuch Band 867,
erschienen 1983

Die Originalausgabe erschien im
Verlag Usborne Publishing Ltd., London unter
dem Titel „Spotter's Guide to Birds of Prey"

Umschlag: Graphisches Atelier,
Otto Maier Verlag, unter Verwendung des
Umschlags der Originalausgabe

Printed in Italy

6 5 4 3 2 92 91 90 89 88

ISBN 3-473-38867-X

Wie man dieses Buch benutzt

Dieses Buch ist ein Bestimmungsbuch, mit dessen Hilfe du die Greifvögel und Eulen Europas erkennen und bestimmen kannst. Obwohl diese beiden Vogelgruppen überhaupt nicht miteinander verwandt sind (siehe Seite 63), werden sie hier doch in einem Band zusammengefaßt, weil sie beide dieselbe Lebensweise haben: Sie jagen und erbeuten andere Tiere. Deshalb hat man sie früher auch häufig unter dem Namen „Raubvögel“ zusammengefaßt. Fachleute verwenden diese Bezeichnung jedoch nicht mehr; die Greifvögel und Eulen sind nämlich keineswegs „Räuber“, sondern sie erfüllen eine wichtige Rolle im Haushalt der Natur: Sie sorgen dafür, daß alte und kranke Tiere nicht lange zu leiden haben und daß der Boden nicht mit den Körpern toter Tiere bedeckt ist.

Die Greifvögel sind dir sicher besser bekannt als die Eulen, sie jagen tagsüber und fallen durch ihre Größe und ihren Gleitflug auf. Eulen sind dagegen mit wenigen Ausnahmen nachts aktiv und verschlafen den Tag an einer ungestörten Stelle. Wenn du einen der in diesem Buch abgebildeten Vögel gesehen und erkannt hast, so hake ihn in dem Kreis ab, der neben dem Namen steht. So kannst du leicht kontrollieren, welche Vögel dir schon bekannt sind. In den Abbildungen findest du Männchen (♂), Weibchen (♀) und Jungvögel abgebildet, wenn sie voneinander verschieden sind. Aus der Verbreitungskarte ist zu ersehen, wo sich der Vogel in Europa aufhält und wo er brütet. Die Beschreibung beginnt mit der Angabe der Länge des Vogels und endet bei den Greifvögeln mit der Flügelspannweite (FS).

Wie man einen Vogel mißt

Greifvögel

Die Flügelspannweite (FS) wird von Flügelspitze zu Flügelspitze gemessen.

Eulen

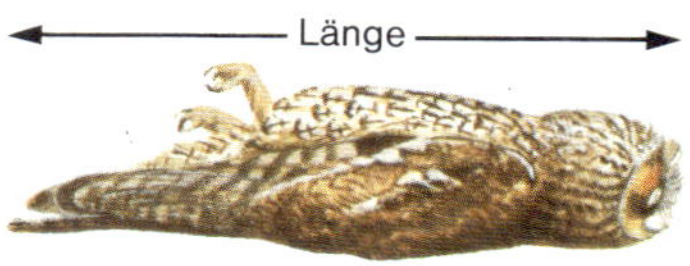

Die Länge wird von Schnabelspitze bis Schwanzspitze gemessen.

Verbreitungskarten

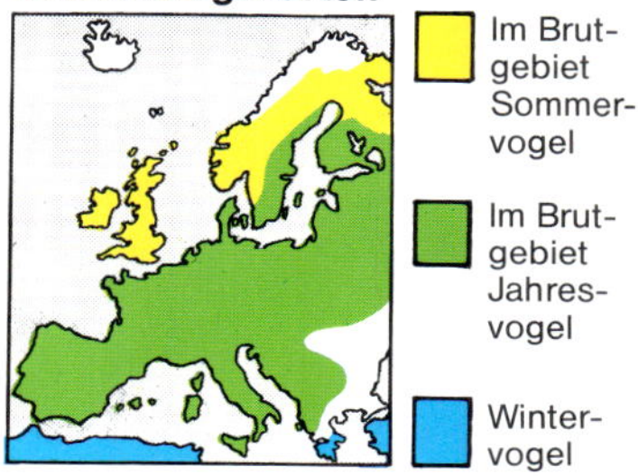

Worterklärung

Sommervogel: Brütet hier, zieht im Herbst nach Süden

Jahresvogel: Brütet hier und bleibt auch im Winter

Wintervogel: Tritt hier nur im Winter auf, brütet woanders

Was sind Greifvögel und Eulen?

In diesen beiden Gruppen werden Vögel zusammengefaßt, die sich vom Fleisch anderer Tiere ernähren. Sie jagen und erlegen kleine Säugetiere (meist Mäuse, Wühlmäuse, Lemminge, Eichhörnchen, aber auch Hasen und Jungrehe) und Vögel, seltener Lurche und Kriechtiere oder auch Regenwürmer und größere Insekten. Die wichtigsten Merkmale dieser Vögel werden hier zusammengestellt.

GREIFVÖGEL
jagen nur tagsüber.

Rauhfußbussard

Gespreizte Handschwingen ermöglichen ein langsames Gleiten.

Die langen und breiten Flügel erlauben das Segeln.

Mit dem Schnabel wird die Beute zerrissen.

Mit den scharfen Augen wird die Beute erfaßt.

Die Unterseite der Flügel ist oft auffällig gebändert.

Mit den starken Krallen wird die Beute erfaßt.

Baumfalke

Mit dem gekrümmten Schnabel wird die Beute zerrissen.

Nach vorn gerichtete Augen lassen die Entfernung sicher abschätzen.

Lange, schmale Flügel erlauben einen schnellen Flug.

Sperber

Ein langer Schwanz dient der Steuerung.

Mit den scharfen Krallen werden Beutetiere getötet.

Kurze, breite Flügel ermöglichen schnelle Wendungen.

Mit den langen Beinen wird die Beute im Flug ergriffen.

EULEN Die meisten Arten jagen des Nachts.

Waldohreule

Die „Ohrbüschel" sind nur Schmuckfedern.

Der Kopf kann bis auf den Rücken gedreht werden.

Die unauffällige Färbung verbirgt den Vogel auch tagsüber.

Das weiche Gefieder erlaubt einen lautlosen Flug.

Schleiereule

Die nach vorn gerichteten Augen sind unbeweglich.

Mit den großen Augen sieht die Eule auch nachts.

Eulen haben oft einen auffallenden Gesichts-schleier.

Der kräftige Schnabel ist gebogen.

Viele Eulen jagen nach dem Gehör.

Ohr-öffnung

Die Ohren werden von Federn verdeckt.

Mit den scharfen Krallen wird die Beute getötet.

Die vierte Zehe kann nach vorn oder hinten gerichtet werden.

Wespenbussard ○

51–58 cm. Unterscheidet sich vom Mäusebussard durch schmalere Flügel und einen längeren Schwanz, fliegt mit vorgestrecktem Kopf. Von der Ebene bis zu den Mittelgebirgen in Laub- und Nadelwäldern. FS 140 cm.

Beim Flug fallen die dunklen Streifen an Schwanz und Flügeln auf.

▲ *Beim Segelflug werden die Flügel gerade gehalten (nicht V-förmig wie beim Mäusebussard).*

Frißt die Larven von Wespen und Hummeln; die Wangen sind durch schuppenförmige Federn vor Stichen geschützt.

Fliegt im Herbst in Schwärmen nach Afrika

Im Brutgebiet Sommervogel

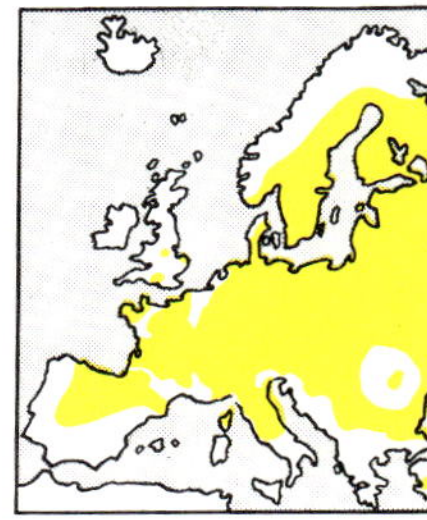

Gleitaar ○

32–34 cm. Hat ein weißgraues Gefieder mit schwarzen Schultern, einen gestutzten Schwanz und rote Augen. Lebt in offener, mit Büschen bestandener Landschaft in der Nähe von Wasser. FS 80 cm.

Erwachsener Vogel

◂ *Sitzt oft auf dürren Zweigen und Telefonmasten*

Jugendkleid

Frißt Kleinsäuger, Vögel und größere Insekten

Erwachsener Vogel im Anflug auf Beute

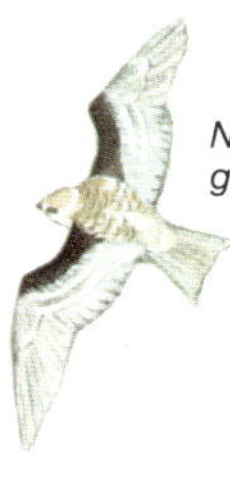

Noch nicht ausgefärbter Vogel

Im Brutgebiet Jahresvogel

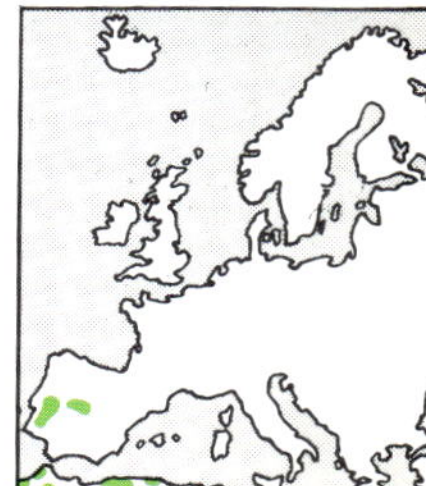

Ist an seiner Färbung und dem häufigen Rütteln leicht zu erkennen

Schwarzmilan

Etwa 56 cm. Hat einen nur schwach gegabelten Schwanz und ist dunkel getönt, hat keine hellen Flecken auf der Flügelunterseite. Lebt in der Nähe von Ortschaften, oft in Wassernähe. Frißt auch Aas. FS 170 cm.

Hat schmalere Flügel und einen längeren Schwanz als der Mäusebussard

Hält die Flügel beim Segeln gerade

Baut sein Nest in Bäumen oder Gebäuden

Im Brutgebiet Sommervogel

Sucht in Scharen Müllplätze nach Nahrung ab

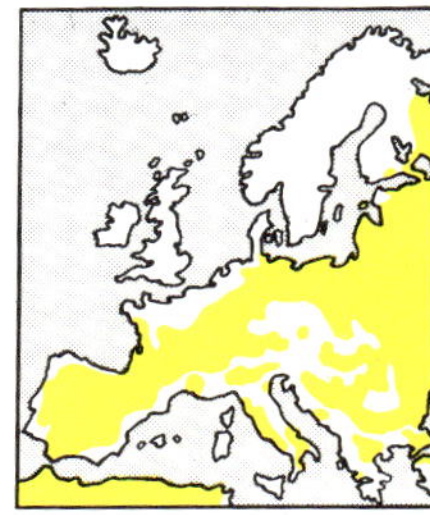

Rotmilan

Etwa 61 cm. Hat einen tief gegabelten Schwanz, eine rotbraune Färbung und einen hell gefärbten Kopf. Ist ein eleganter Jäger. Hat einen schrillen Ruf. Nicht in Hochgebirgen. Selten. FS 185 cm.

Zeigt beim Flug die hellen Handschwingen

Gleitet weite Strecken ohne Flügelschlag ▸

Hält die Flügel beim Segeln angewinkelt

Frißt vorwiegend tote Tiere, tötet aber auch Beutetiere ▸

Brutgebiete, stellenweise Wintervogel

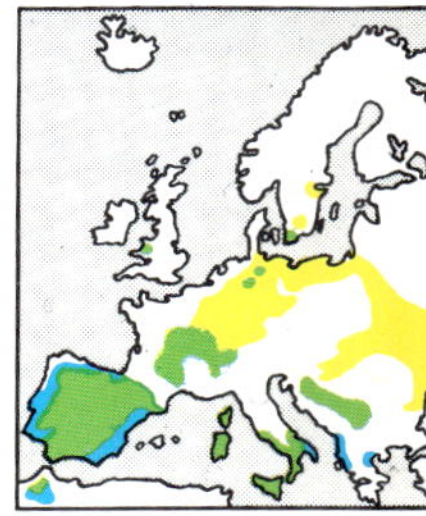

Brütet in hohen Laubwäldern

Seeadler ○

90–103 cm. Der große Vogel hat auffallend breite Flügel, einen kräftigen Schnabel und einen kurzen Schwanz, der beim erwachsenen Vogel weiß ist. Lebt in Waldgebieten mit großen Wasserflächen sowie an Felsküsten. Erbeutet Vögel bis zur Größe eines Schwans. FS 220 cm.

Erwachsener Vogel

Noch nicht ausgefärbter Vogel

▲ *Der Schwanz ist beim Jungvogel braun gefärbt.*

Ist in großen Gebieten Europas ausgerottet

Brutgebiete, stellenweise Wintervogel

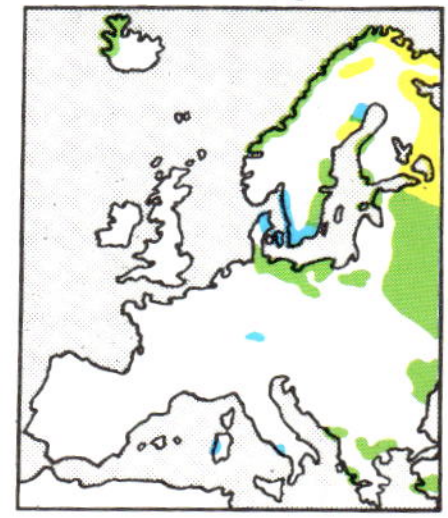

Ein erwachsener Vogel hat eine Eiderente erbeutet. Frißt auch Fische, Kleinsäuger und Aas

Bartgeier ○

102–114 cm. Ein großer Vogel mit auffallendem Flugbild, das an einen Falken erinnert. Die Flügel sind dunkel gefärbt. Nistet in hohen, für den Menschen schwer erreichbaren Gebirgen, ist nicht gesellig, auch nicht beim Fressen am Aas. FS 275 cm.

Hat einen schwarzen ► Augenstreif, der in den Bartstreif übergeht.

▲ Erwachsene Vögel haben eine gelbbraune Unterseite, die mit jeder Mauser heller wird.

Jungvögel sind dunkler gefärbt als erwachsene Vögel.

◄ Ist Aasfresser. Läßt Knochen aus großer Höhe auf Felsen fallen, so daß sie zersplittern und das weiche Mark freigeben.

Im Brutgebiet Jahresvogel

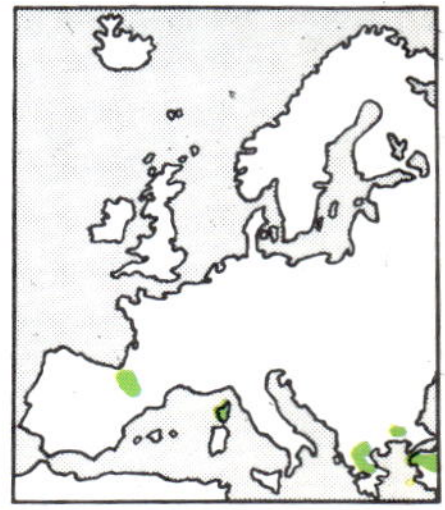

◄ Schmutzgeier ◯

55–66 cm. Ein kleiner Geier mit weißem, keilförmigem Schwanz. Sein Schnabel ist schlanker als bei anderen Geiern. Mit jeder Mauser wird das Gefieder heller. Nistet an Felsvorsprüngen. Lebt von der Ebene bis zum Gebirge. FS 170 cm.

Der Altvogel ist schwarz und weiß gefärbt.

Altvogel

Noch nicht ausgefärbter Vogel

▲ Jungvögel sind dunkelbraun gefärbt

▲ Hält die Flügel beim Gleiten flach

▲ Der Altvogel hat einen gelben Schnabel mit schwarzer Spitze, auch die nackte Haut am Kopf ist gelb.

Erwachsener Vogel

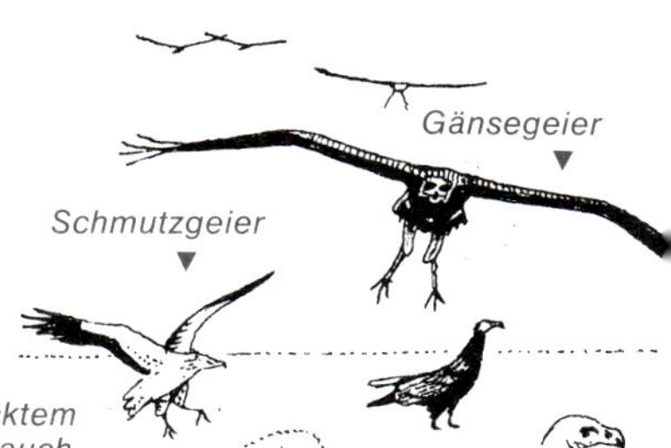

Gänsegeier ▼

Schmutzgeier ▼

Geier mit nacktem Kopf fressen auch in der Körperhöhle eines toten Tieres.

Gänsegeier

Im Brutgebiet Sommervogel

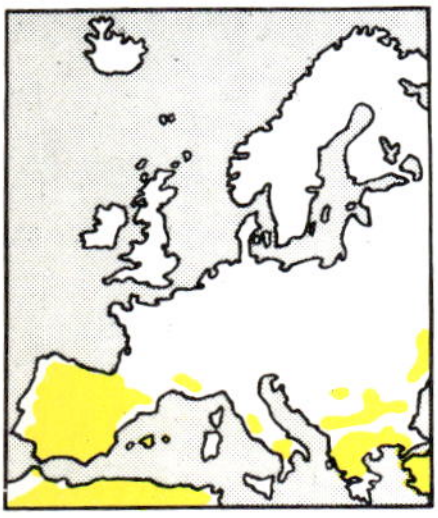

Hält die Flügel beim Gleiten in einem flachen V

Ist an den Flügeln und am Schwanz dunkler gefärbt ▼

◀ Gänsegeier ○

97–104 cm. Ein großer, hell gefärbter Geier mit dunkleren Flügeln und Schwanz. Segelt in großen Höhen mit weit gefingerten Handschwingen. Brütet und rastet an Felsen. Lebt gesellig. Die Jungvögel sind den Altvögeln ähnlich. FS 250 cm.

Brutgebiete

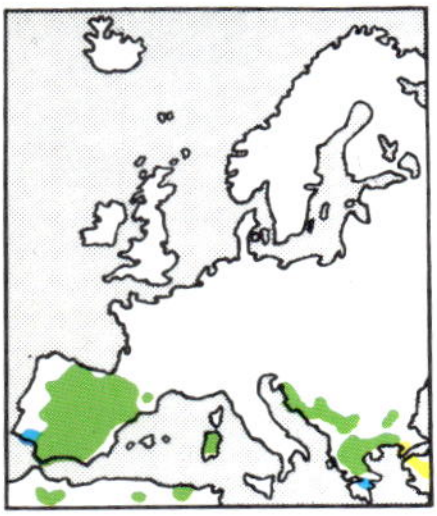

Kopf und Hals sind mit weißen Daunen bedeckt. ▶

Hält die Flügel beim Gleiten flach

Ein großer, dunkler Vogel mit kurzem, keilförmigem Schwanz ▼

◀ Mönchsgeier ○

99–107 cm. Der stärkste in der Alten Welt vorkommende Geier. Ist weniger gesellig als seine Verwandten. Lebt in der Ebene und im Gebirge, nistet auf Bäumen. Frißt Aas. In Europa selten geworden. FS 270 cm.

▼ *Mönchsgeier*

◀ *Noch nicht ausgefärbter Vogel*

Der Kopf des erwachsenen Vogels sieht aus der Nähe hellbraun aus.

Im Brutgebiet Jahresvogel

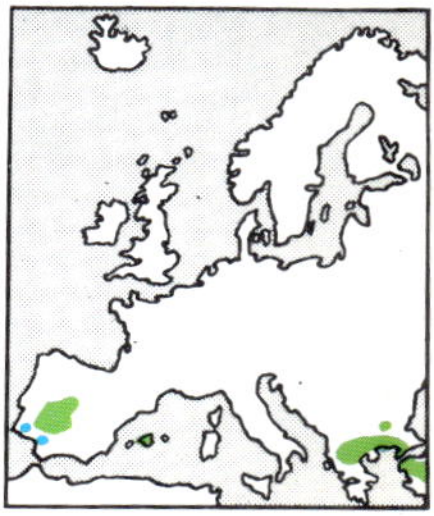

Schlangenadler

63–69 cm. Ein großer, hell gefärbter Greifvogel mit breiten Schwingen und rundem Kopf. Rüttelt bei der Jagd und gleitet über große Strecken. Lebt in Wäldern und Gebirgen. Frißt vor allem Schlangen und Eidechsen, seltener Vögel und Insekten. Überwintert in Afrika.
FS 190 cm.

◄ *Manche Vögel haben einen dunkler gefärbten Kopf.*

Hat eine weiße Unterseite mit schwarzen Flecken

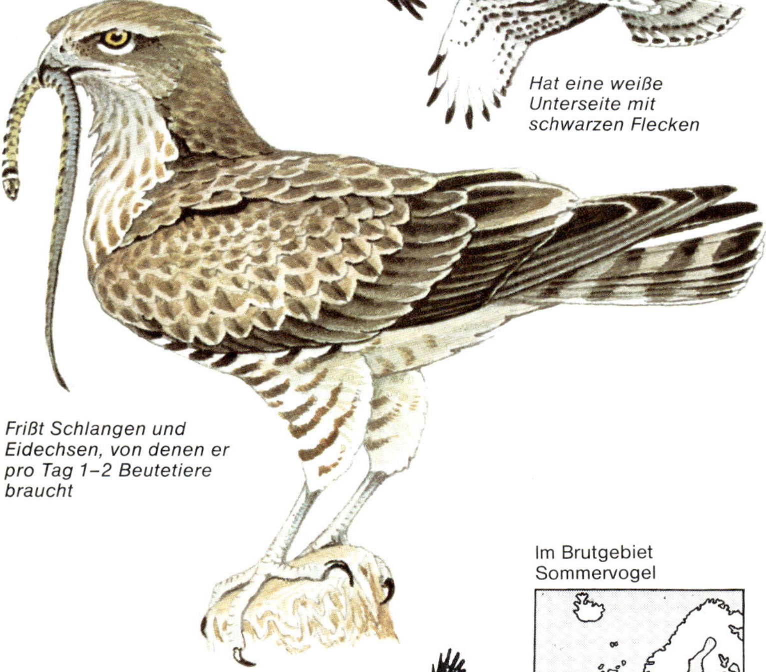

Frißt Schlangen und Eidechsen, von denen er pro Tag 1–2 Beutetiere braucht

Lebt in offener Landschaft mit wenigen Bäumen

Im Brutgebiet Sommervogel

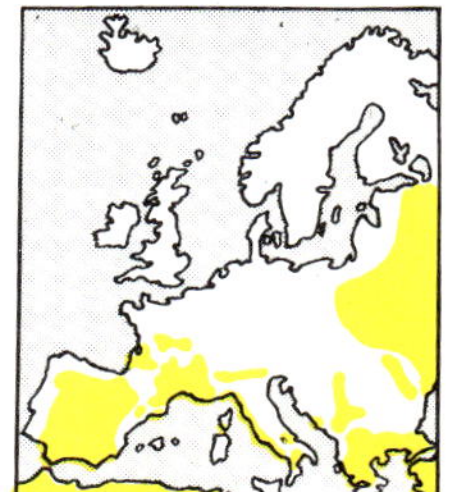

Rohrweihe ◯

48–56 cm. Hat breite Schwingen und einen schmalen, längeren Schwanz. Die Unterseite ist braun gefärbt. Lebt im Röhricht an Gewässern. Fliegt mit einigen kräftigen Flügelschlägen, denen eine längere Gleitstrecke folgt. Zieht im Herbst nach Süden. FS 125 cm.

◄ Hat einen braunen Rücken und teilweise graue Flügel

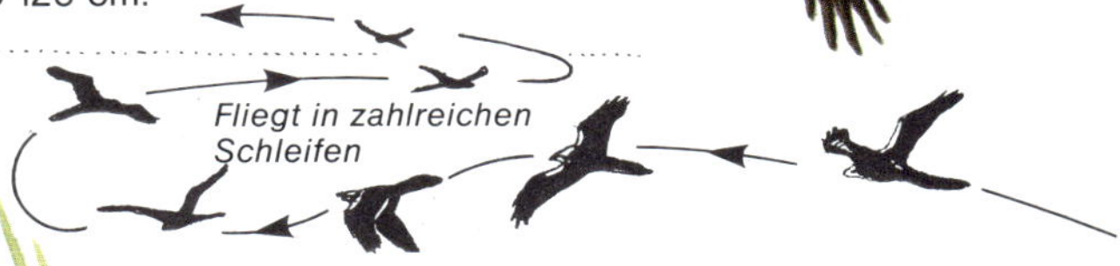

Fliegt in zahlreichen Schleifen

Weibchen und Jungvögel sind dunkelbraun mit gelbem Scheitel und hellen Schultern. ▼

Frißt kleine Säugetiere und Vögel, nistet im Schilf

Die Paare zeigen auffallende Flugfiguren.

Brutgebiete

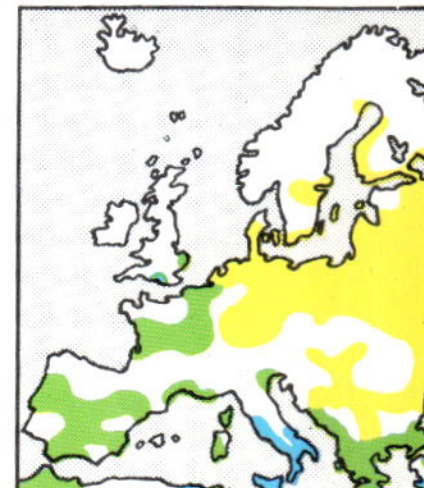

Kornweihe ○

43–51 cm. Männchen und Weibchen sind sehr unterschiedlich gefärbt. Jungvögel ähneln den Weibchen. Lebt auf Mooren und Heiden sowie an Sandküsten. Baut aus Halmen ein Nest auf dem Boden und legt 4–6 Eier. Jagt Vögel und Kleinsäuger. FS 110 cm.

♀

Das Weibchen hat ein Gesicht, das an eine Eule erinnert.

♀

Hat breite, braun gestreifte Flügel und eine längsgestreifte Unterseite

♂

Ist blaugrau oder aschgrau gefärbt und hat dunkel gesäumte Flügel

♂

Die Flügelspitzen haben einen breiten dunklen Fleck. ▸

♂

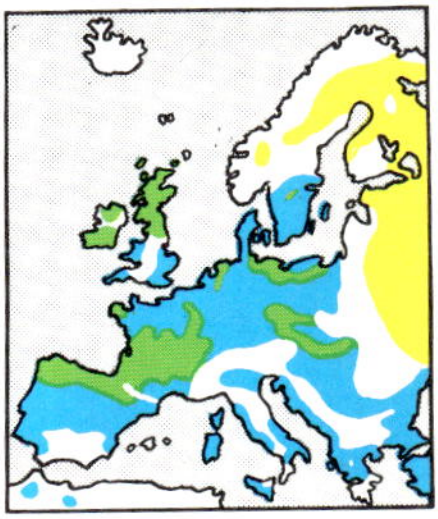

Brutgebiete, in großen Gebieten nur Wintervogel

♀

Fliegt niedrig über dem Boden und jagt Vögel und Kleinsäuger

▶ Steppenweihe ◯

43–48 cm. Das Männchen ist hellblau, auf der Unterseite fast weiß, das Weibchen ist braun getönt und kaum von dem der Kornweihe zu unterscheiden. Lebt in den Steppengebieten Osteuropas und Asiens. FS 100 cm.

Im Brutgebiet Sommervogel, im Süden Wintervogel

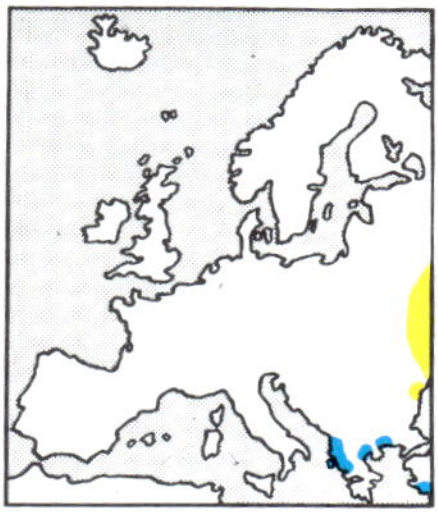

♀

▲ *Der Kopf ist anders gefärbt als bei der Kornweihe.*

♀ *Das Weibchen sieht im Flug der Kornweihe ähnlich.* ▼

♂

▲ *Die Flügelspitzen haben einen schmalen dunklen Fleck.*

Das Männchen ist grau und hat eine schwarze Flügelbinde, die Unterseite ist braun gestreift. ▼

♂

◀ Wiesenweihe ◯

41–46 cm. Dieser schlanke Vogel ist ein eleganter Flieger und lebt in offenen Landschaften, zum Beispiel auf Mooren und Heiden, aber auch auf Wiesen und Äckern. Im Herbst zieht er nach Afrika oder Südasien. In Europa selten. FS 110 cm.

Der Kopf des Weibchens ist heller gefärbt.

♀

♀

▲ *Ist im Flug kaum von der Steppenweihe zu unterscheiden*

Im Brutgebiet Sommervogel

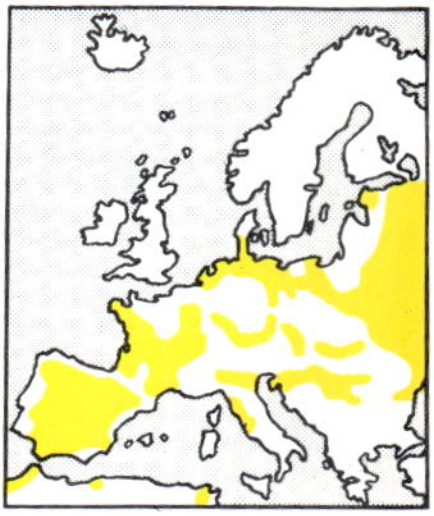

◀ *Jagt dicht über dem Boden*

Habicht

47–61 cm. Erwachsene Vögel sind auf der Oberseite dunkelbraun, auf der Unterseite weiß mit dunklen Querbändern. Über den Augen ist ein weißer Streifen. Jungvögel sind unterseits braungelb mit dunkelbraunen Längsstreifen. Lebt in Wäldern. FS 150 cm.

Zeigt im Flug die weißen Unterschwanzdecken

Jagt meist mittelgroße Vögel wie Tauben und Krähen

Weibchen sind deutlich größer und schwerer als Männchen

Im Brutgebiet Jahresvogel

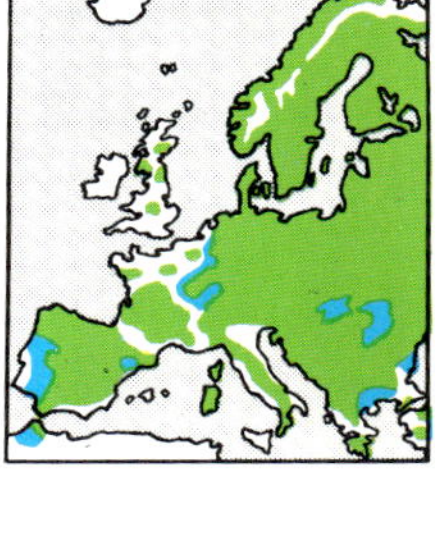

Ist ein schnellfliegender Jäger

► Sperber ○

28–38 cm. Das Männchen ist kleiner und viel leichter als das Weibchen. Ist ein sehr gewandter Jäger und erbeutet vor allem Singvögel, das Weibchen schlägt auch größere Tiere, z. B. Eichelhäher. Dringt bei der Jagd auch in Ortschaften ein. FS 60 cm.

♂

Lebt in Nadelwäldern mit offenen Flächen

Brutgebiete, stellenweise nur Wintervogel

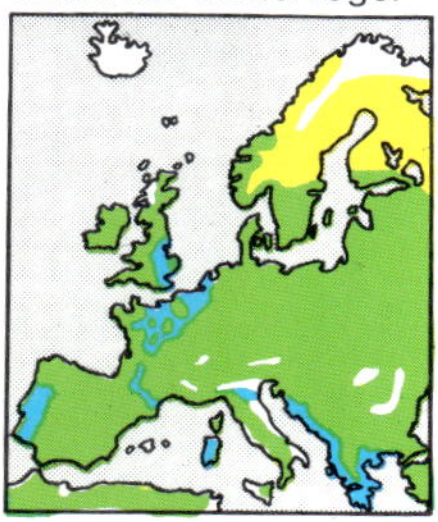

Die Flügel sind kurz und abgerundet, der Schwanz ist lang. ►

♀

Fliegt mit starken Flügelschlägen, denen ein kurzer Gleitflug folgt

♂

Das Männchen hat schwarze Flügelspitzen.

◄ Kurzfangsperber ○

33–38 cm. Das Männchen unterscheidet sich vom Sperber durch graue (nicht rotbraune) Wangen und eine hellere Oberseite. Die Augen sind rotbraun (beim Sperber gelb). Lebt in offenem Gelände und an Waldrändern, jagt Eidechsen und größere Insekten. FS 70 cm.

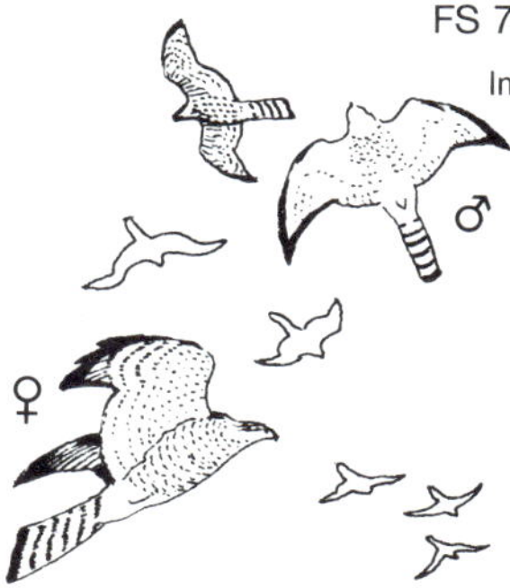

♂ ♀

Fliegt im September in Schwärmen nach Afrika ►

Im Brutgebiet Sommervogel

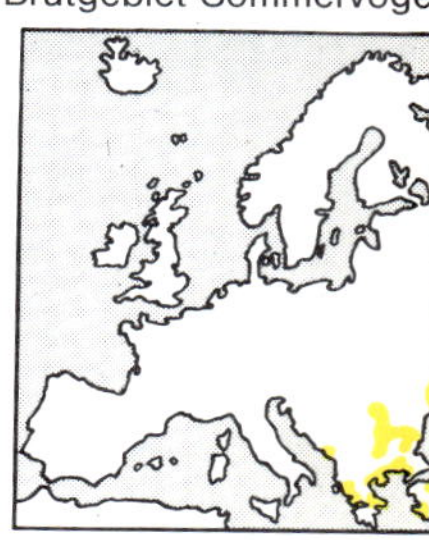

Mäusebussard ◯

51–56 cm. Ist einer der häufigsten Greifvögel Europas. Hat einen kurzen, gerundeten Schwanz. Die Färbung ist sehr unterschiedlich. Brütet im Wald und jagt an Waldrändern und in parkartiger Landschaft. Stößt von einem Ansitz aus in kurzem Flug auf die Beute. FS 120 cm.

Die helle Form ist in Nordeuropa verbreitet.

▲
Hält die Flügel beim Gleiten V-förmig

▲
Die dunklere Form hat hellere Schwingen und einen gebänderten Schwanz.

Frißt Mäuse und andere Kleinsäuger, Insekten, Würmer und Aas

In Nord- und Osteuropa versammeln sich die Mäusebussarde im Herbst und ziehen nach Afrika.

Brutgebiete, stellenweise Wintervogel

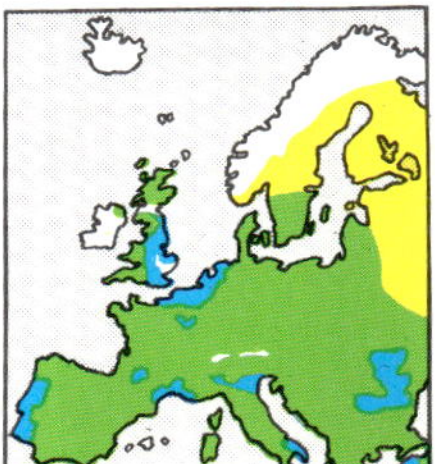

Adlerbussard ○

51–66 cm. Ist dem Mäusebussard ähnlich, hat aber einen hellen, nicht gebänderten Schwanz. Hält die Flügel beim Gleiten in einem flachen V. Lebt in trockenen Grasländern, aber auch in Gebirgen und nistet an Felsen. FS 135 cm.

Hat hier einen auffallenden dunklen Fleck

Altvögel haben eine rotbraune Unterseite und einen helleren, ungebänderten Schwanz. ►

Erbeutet Kleinsäuger, Kriechtiere und größere Insekten

Beobachtet oft von einem Ansitz aus

Brutgebiete

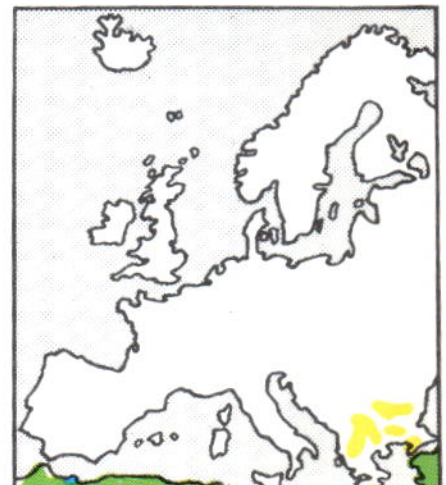

Rauhfußbussard ◯

51–61 cm. Ist im Flug nur schwer vom Wespenbussard zu unterscheiden, hat aber befiederte Läufe und ist auf der Oberseite gröber gemustert. Lebt in offener Landschaft und jagt zuweilen Vögel, Kriechtiere, Frösche und Insekten, vor allem aber Mäuse und Lemminge. FS 130 cm.

Hat hier einen dunklen Fleck

Hat eine dunkle Brustbinde und einen weißen Schwanz mit dunkler Endbinde

Frißt meist Kleinnager und sitzt oft auf dem Boden

Lemming

Jagende Vögel rütteln oft.

Bei der Balz führen die Paare oft Flugspiele vor.

Im Brutgebiet Sommervogel, sonst Wintervogel

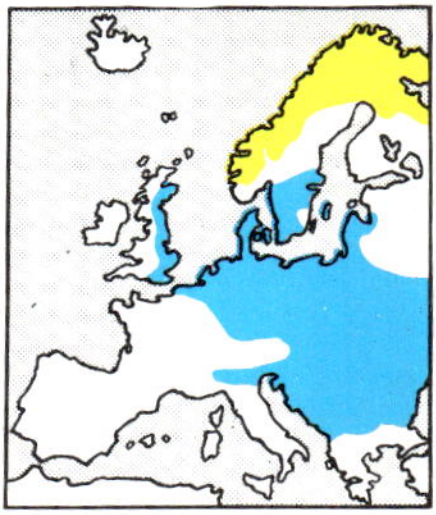

▶ Schreiadler ○

61–66 cm. Ist nur schwer vom Schelladler zu unterscheiden, ist aber etwas heller gefärbt und kleiner. Lebt in großen Wäldern und brütet auf hohen Bäumen. Zieht im Herbst nach Afrika. Frißt Kleinsäuger, Vögel, Frösche und Kriechtiere. FS 150 cm.

Im Brutgebiet Sommervogel

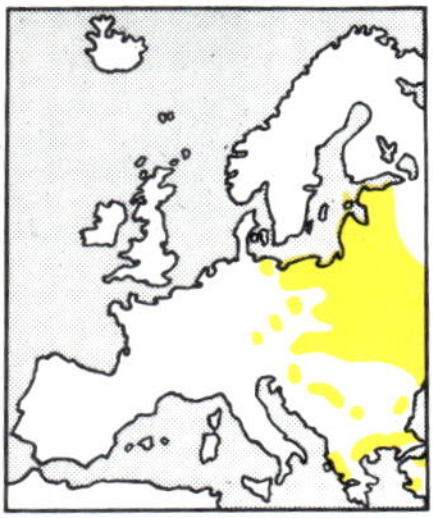

Es sind 6 gespreizte Handschwingen zu sehen.

Altvogel

Gleitet mit etwas hängenden, an den Enden wieder aufwärtsgebogenen Flügeln

Jungvogel

Jungvögel haben einen braungelben Nackenfleck.

Trägt die Beutetiere oft im Schnabel

▼ Gleitet mit gerade gehaltenen Flügeln

Es sind 7 gespreizte Handschwingen zu sehen.

Altvogel

◀ Schelladler ○

66–74 cm. Ist tiefbraun gefärbt und wirkt aus der Ferne einheitlich schwarz. Lebt in großen Wäldern mit Gewässern. Jagt seine Beute auf offener Fläche, verfolgt sie oft zu Fuß. Frißt vor allem Mäuse, aber auch Vögel, Lurche, Kriechtiere und Insekten. FS 170 cm.

Jungvögel haben helle Flecken.

Die Jungvögel haben keinen rotgelben Nackenfleck.

Im Brutgebiet Sommervogel, im Süden Wintervogel

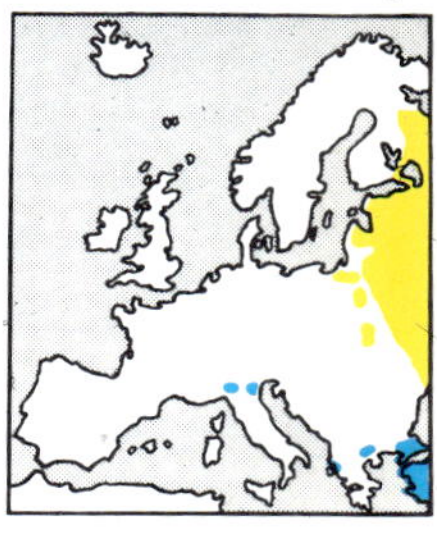

Kaiseradler

78–83 cm. Ist von anderen Adlern durch die weißen Schultern zu unterscheiden sowie durch hellere Flecken an Nacken und Schwanz. Lebt in Wäldern und offener Landschaft. Kommt in Europa in zwei Formen vor. FS 200 cm.

◀ *Beim Jungvogel werden die dunklen Schwingen durch hellere unterbrochen.*

Jungvogel der östlichen Form

Rötelfalke

Erwachsener Kaiseradler, der von einem Rötelfalken gestört wird

Erwachsener Vogel der spanischen Form

Hat helle Schultern

Erwachsener Vogel der östlichen Form

◀ *Bei dieser Form sind die hellen Schultern weniger ausgebildet als bei der spanischen.*

Brutgebiete, nur im Süden Jahresvogel

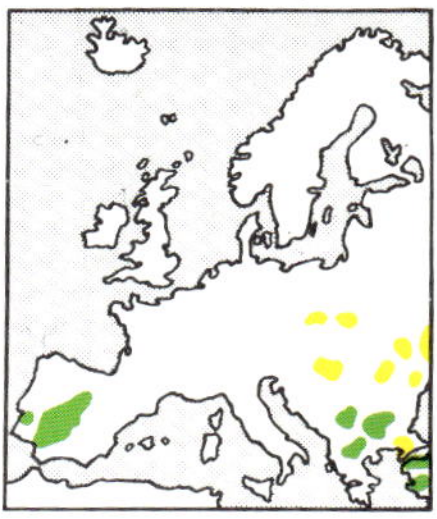

Steinadler ◯

75–89 cm. Ein mächtiger Vogel, der mit ausgebreiteten Schwingen segelt. Lebt vor allem im Gebirge und ernährt sich von Säugetieren wie Hasen, Kitzen von Rehen und Gemsen, aber auch von Aas. FS 210 cm.

Handschwingen und Schwanz sind zum Teil weiß.

Jungvogel

▲ *Hat breite Flügel und kann stundenlang gleiten*

◀ *Der erwachsene Vogel ist dunkler gefärbt, manchmal mit hellerem Kopf.*

Erwachsener Vogel

Hase

Meist werden zwei Nestlinge ausgebrütet.

Brutgebiete

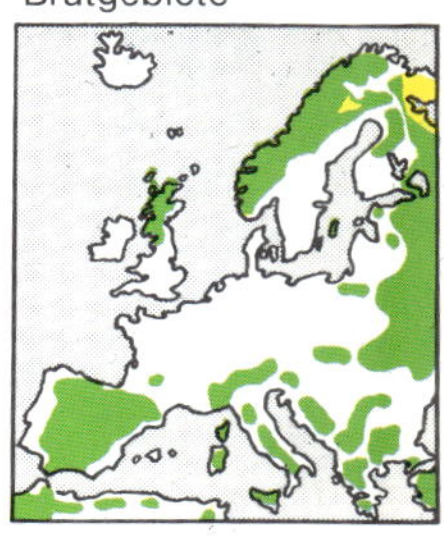

Zwergadler ○

46–53 cm. Kommt in Europa in zwei Formen vor, einer einfarbig dunkelbraunen und, häufiger, in einer hellen. Lebt im Sommer in Laub- und Mischwäldern in hügeligem Gelände, im Winter mehr in offener Landschaft. Fliegt sehr gewandt und hat einen schrillen, pfeifenden Ruf. FS 110 cm.

Die Läufe sind weiß befiedert.

Gleitet und segelt mit ausgebreiteten Schwingen

▲ *Die helle Form hat eine weiße Unterseite mit dunklerem Flügelrand.*

▲ *Bei der dunkleren Form ist nur der Schwanz heller.*

Bei der Balz vollführt das Männchen Flugspiele.

Im Brutgebiet Sommervogel

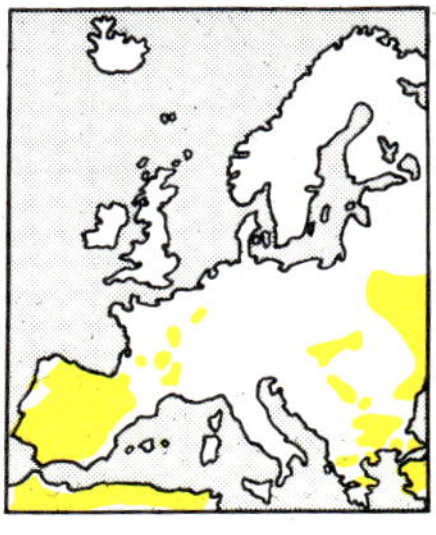

Habichtsadler

66–74 cm. Liegt in der Größe zwischen Steinadler und Mäusebussard und ist im Flug an den langen, schmalen Flügeln zu erkennen. Lebt in Gebirgswäldern, kommt aber im Winter in offenes Gelände. FS 165 cm.

Erwachsener Vogel

Jungvogel

Jungvögel sind dem Mäusebussard ähnlich, haben aber einen längeren Schwanz und schmalere Flügel.

Erwachsene Tiere sind auf der Unterseite hell und haben ein schmales schwarzes Band an den Flügeln. ▼

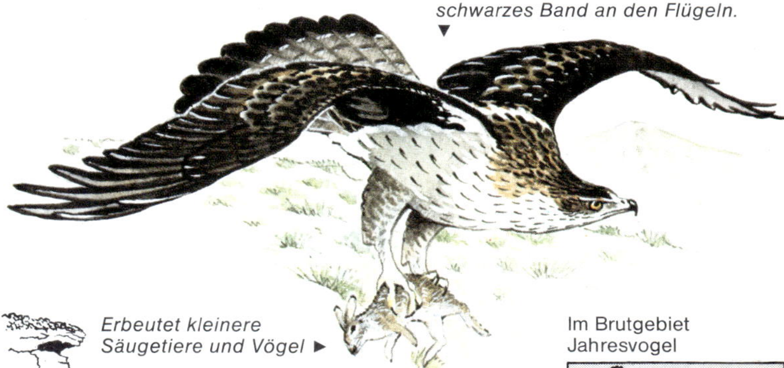

Erbeutet kleinere Säugetiere und Vögel ▶

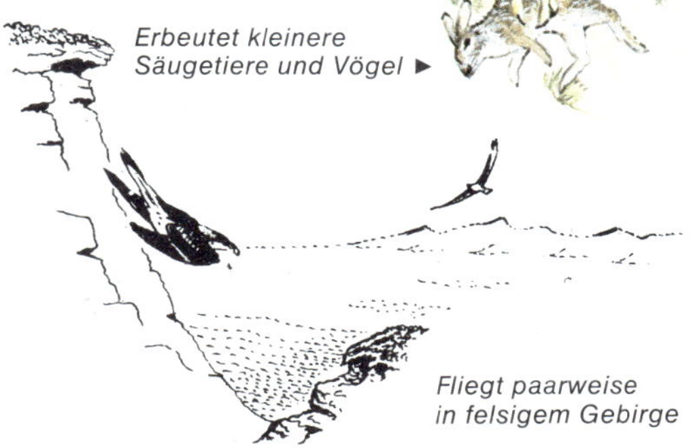

Fliegt paarweise in felsigem Gebirge

Im Brutgebiet Jahresvogel

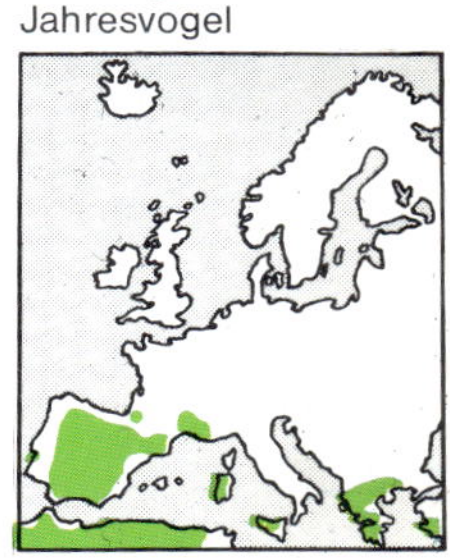

Rötelfalke ○

26–30 cm. Ist dem Turmfalken sehr ähnlich, aber durch seine weißlichen Krallen von diesem zu unterscheiden. Lebt in Brutkolonien, die bis 100 Paare umfassen. Ernährt sich von Insekten und Spinnen, seltener von Kleinsäugern. FS 65 cm.

Die Oberseite ist rotbraun ohne dunkle Flecken, die Schulterfedern sind zum Teil grau.

Nistet in Baum- und Felshöhlen, aber auch in Mauernischen

Das Weibchen ist von dem des Turmfalken nur durch die weißen Krallen zu unterscheiden.

Jagt oft in größeren Scharen

Brutgebiete

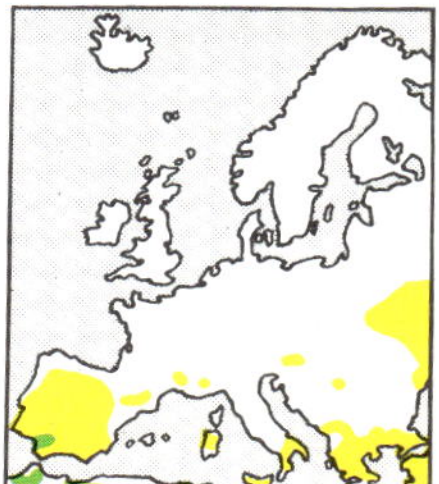

Turmfalke

32–35 cm. Hat dunkle Krallen. Das Männchen hat rotbraune, schwarz gefleckte Oberflügeldecken und dunklere Schwingen. Die Jungvögel sind dem Weibchen ähnlich. Jagt in offenem Gelände und erbeutet Kleinsäuger und Vögel. FS 75 cm.

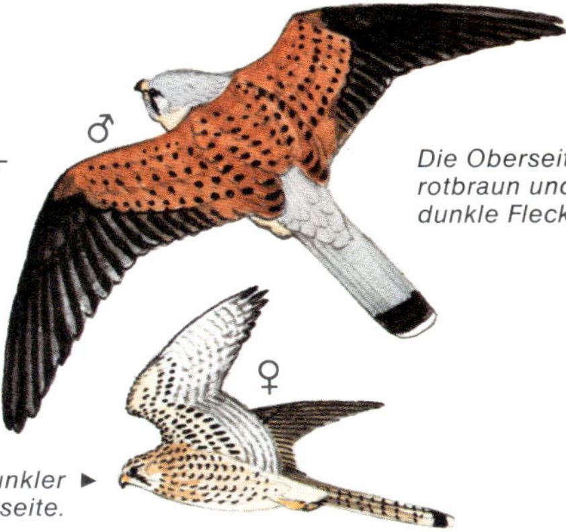

Die Oberseite ist rotbraun und hat dunkle Flecken.

Das Weibchen hat eine dunkler gestreifte Unterseite. ▸

Rüttelt bei der Jagd mit gespreiztem Schwanz und mit dem Kopf in Windrichtung

Brütet auf Bäumen oder Klippen sowie in Gebäuden, nimmt in Holland aber auch Nistkästen an

Brutgebiete, stellenweise Wintervogel

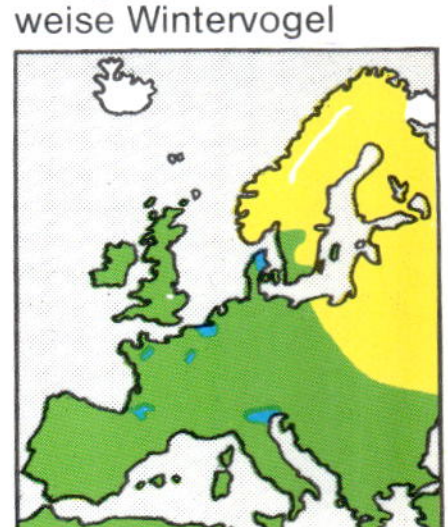

Rotfußfalke ○

28–30 cm. Ist der einzige europäische Greifvogel mit roten Füßen, roten Unterschwanzdecken und rotem Augenring. Lebt gesellig in einer offenen, mit Bäumen durchsetzten Landschaft. Brütet auch in Gärten und Parks in der Nähe von Feldern. FS 70 cm.

Das Männchen ist grau gefärbt und hat rote „Hosen“. ▸

Jungvogel *Altvogel*

▴
Jungvögel ähneln den Weibchen, haben aber eine helle Stirn und stärkere braune Flecken auf Unterseite und Kopf.

Beim Weibchen sind Kopf und Unterseite orangebraun gefärbt.

◂ *Fängt im Flug Insekten*

Führt in Scharen gemeinsame Flugspiele auf

Im Brutgebiet Sommervogel

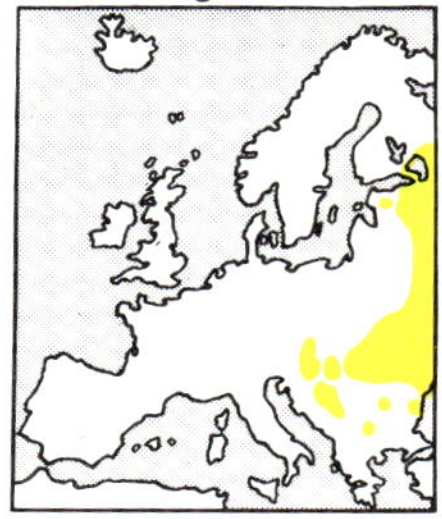

Eleonorenfalke

Etwa 38 cm. Liegt in der Größe zwischen Baum- und Wanderfalken. Brütet in Kolonien und lebt geselliger als die anderen Falken. Bewohnt Felsinseln und jagt in kleinen Schwärmen auch über dem offenen Meer. Zieht im Herbst nach Madagaskar. FS 110 cm.

Steinschmätzer

▲ *Brütet auf Felsinseln des Mittelmeeres*

▲ *Die helle Form des Vogels ähnelt dem Baumfalken, ist aber auf der Unterseite mehr rotbraun gefärbt.*

In der dunklen Form ähneln die Vögel dem Rotfußfalken, haben aber gelbe Füße.

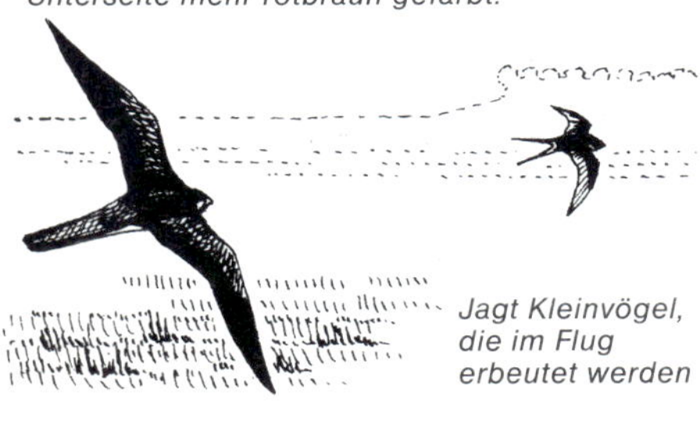

Jagt Kleinvögel, die im Flug erbeutet werden

Im Brutgebiet Sommervogel

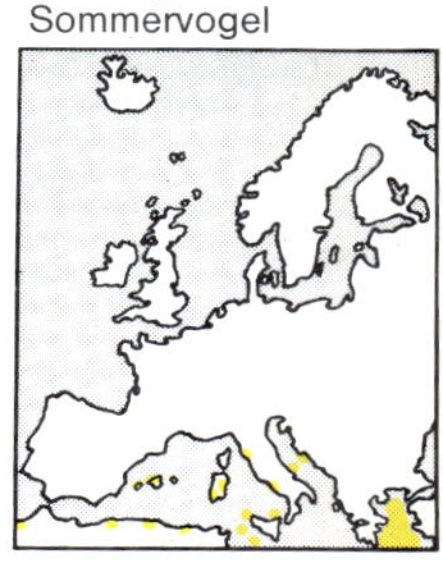

Merlin ◯

27–33 cm. Der kleinste in Europa vorkommende Falke. Männchen und Weibchen sind sehr verschieden gefärbt. Lebt in offenem Gelände, das an Wald grenzt, z. B. auf Mooren und Feldern. Ernährt sich von kleinen Vögeln wie Lerchen, Piepern und Staren, auch von Kleinsäugern. FS 55 cm.

Das Weibchen ist oberseits braun gefärbt und hat auf der Unterseite dunkle Flecken. ▼

▲ *Ist auf der Oberseite oft blaugrau gefärbt, der helle Schwanz hat eine dunkle Binde.*

Die Unterseite ist beim Männchen gestreift. ►

▲ *Das Nest wird meist auf dem Boden angelegt und mehrmals benutzt.*

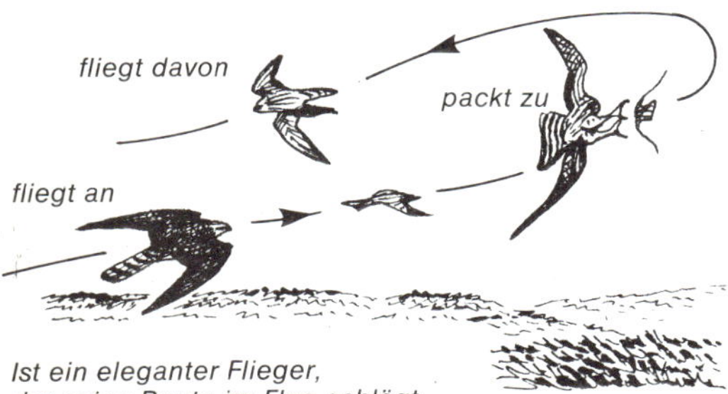

Ist ein eleganter Flieger, der seine Beute im Flug schlägt

Brutgebiete im Norden, sonst nur Wintervogel

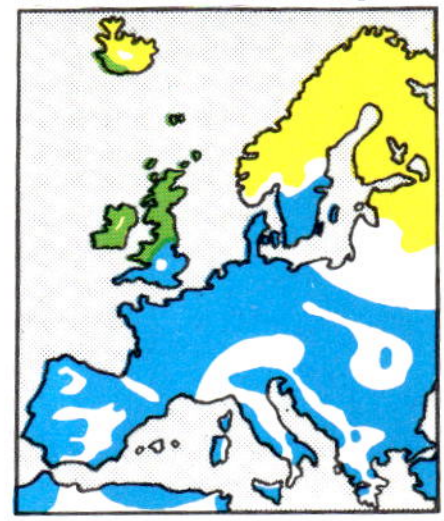

Baumfalke ○

30–36 cm. Ähnelt einem kleinen Wanderfalken, hat aber einen kurzen Schwanz und lange, spitze Flügel sowie rostrote „Hosen". Lebt in lichten Wäldern oder auf Mooren, Heiden und Wiesen mit kleinen Baumgruppen. FS 85 cm.

▲ *Fängt und verzehrt Vögel und Insekten im Flug*

Jungvogel

▲ *Beim Jungvogel fehlt die rote Farbe der „Hosen" und Unterschwanzdecken.*

Erwachsene Vögel sind auf der Unterseite stark gestreift.

▲ *Hat rote „Hosen" und einen dunklen Bartstreif*

◀ *Ist ein gewandter Flieger und jagt auch Schwalben und Mauersegler, die im Flug geschlagen werden*

Im Brutgebiet Sommervogel

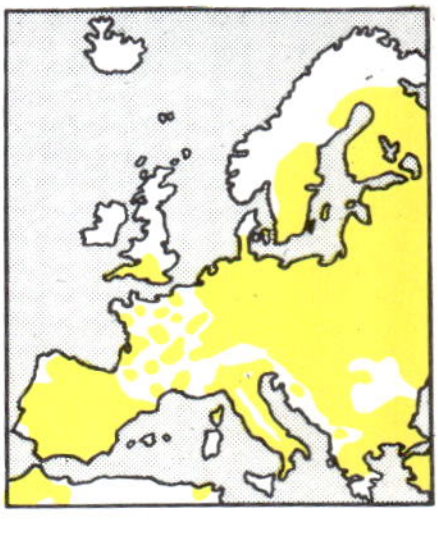

Lanner ○

Etwa 43 cm. Ist dem Würgfalken ähnlich, hat aber einen rostroten Scheitel und Nacken. Lebt in offener Landschaft, auch in der Sahara, und nistet sowohl auf Bäumen als auch an Felsen oder auf dem Boden. FS 110 cm.

▲ *Hat einen rostroten Scheitel und Nacken sowie einen schmalen Bartstreif*

Ist auf der Unterseite grauweiß mit braunen Längsstreifen, die an den Flügeldecken dunkler sind

Ein erwachsener Vogel jagt eine Felsentaube.

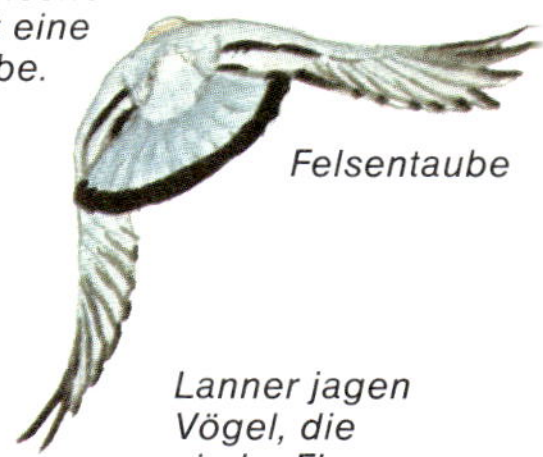

Felsentaube

Lanner jagen Vögel, die sie im Flug schlagen.

Lebt in offenen, oft felsigen Landschaften

Im Brutgebiet Jahresvogel

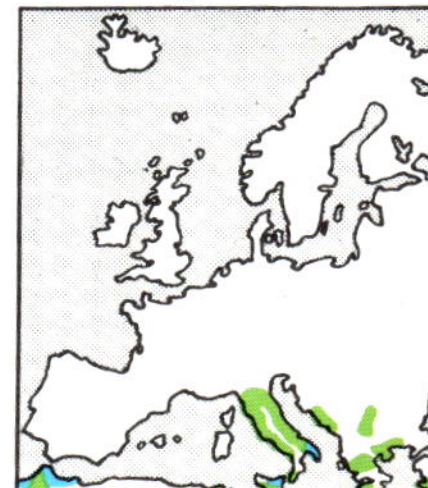

Würgfalke

46–54 cm. Ähnelt einem Wanderfalken, hat aber breitere Flügel und einen längeren Schwanz und ist auf der Oberseite braun gefärbt. Jagt Kleinsäuger, besonders Ziesel, aber auch Vögel bis zur Größe von Stockente und Nachtreiher. FS 110 cm.

▲ *Hat einen schmalen, undeutlichen Bartstreif und ist auf dem Scheitel und Nacken weißlich mit dunkelbraunen Längsstreifen*

Ist auf der Unterseite grauweiß mit braunen Längsstreifen; die Unterflügel sind weißlich und haben an den Flügeldecken dunkle Flecken. ▶

Ist im Flug schwer vom Lanner zu unterscheiden

Sitzt oft auf Pfählen, brütet auf Bäumen und an Felsen

Brutgebiete, im Süden Wintervogel

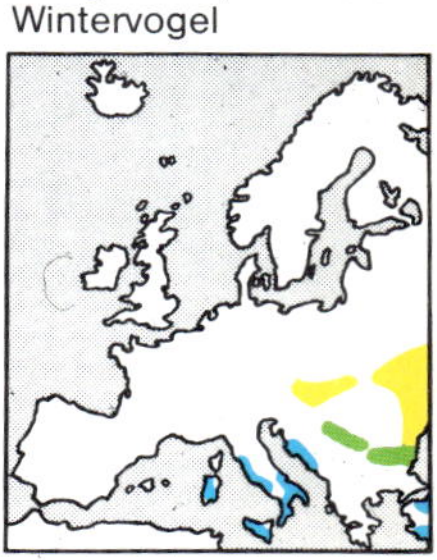

Gerfalke ○

51–56 cm. Der größte Falke Europas. Hat breitere, kürzere Flügel als der Wanderfalke. Farbe von fast weiß (in Island) bis dunkelgrau. Fliegt mit langsamen Flügelschlägen. Lebt an felsigen Meeresküsten und am Rande von Nadelwäldern. FS 150 cm.

Die dunkle Form ähnelt dem Wanderfalken, hat aber keinen deutlichen Bartstreif. ►

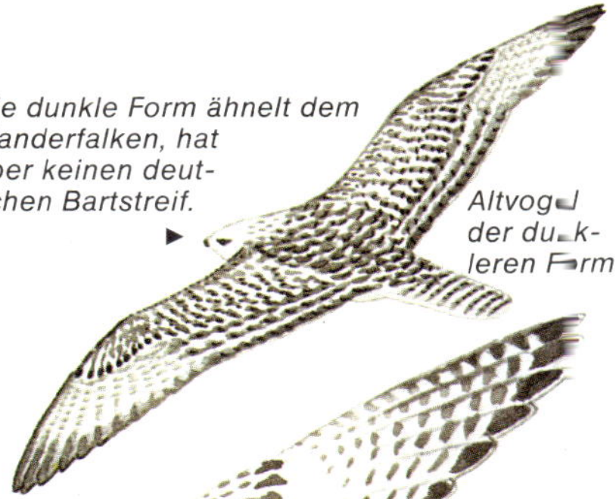

Altvogel der dunkleren Form

Altvogel der hellen Form

Krickente

Erbeutet Vögel im Flug

Noch nicht ausgefärbter Vogel der hellen Form

Kann leicht Krickente und Alpenschneehuhn ergreifen

Alpenschneehuhn

Brutgebiete, in der südlichen Zone nur Wintervogel

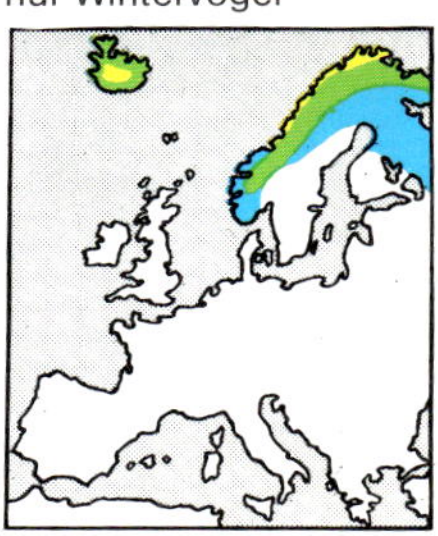

Wanderfalke

38–48 cm. Hat lange, spitze, nach hinten gebogene Flügel und einen dunklen Bartstreif. Die Weibchen sind größer als die Männchen und dunkler gefärbt. Lebt ungesellig in offenem Gelände (wie Tundra und Halbwüste), aber auch in Wäldern. FS 100 cm.

Ist auf der Unterseite längsgefleckt

Jungvogel

Altvogel im Stoßflug

Die spitzen Flügel werden in charakteristischer Form angelegt.

Jagt Vögel, die er im Flug erbeutet, erreicht im Stoßflug über 200 km/h

Felsentaube

Der Altvogel ist auf der Unterseite quergefleckt.

Hat eine Felsentaube erbeutet

Brütet an Felsen, aber auch auf Bäumen

Brutgebiete, in weiten Gebieten nur Wintervogel

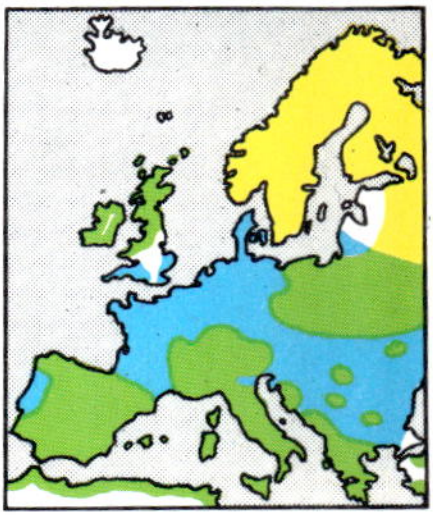

Fischadler

51–58 cm. Ist ein eleganter Flieger und segelt im Aufwind über lange Strecken. Fliegt langsam über Wasserflächen, rüttelt auch und sucht Fische. Ist selten geworden. Die mitteleuropäischen Vögel ziehen im Herbst nach Westafrika. FS 150 cm.

Hält die Flügel fast wie eine Möwe ▸

Auf der Oberseite braun, auf der Unterseite weiß mit braunem Brustband ▾

Stürzt sich bis 1 m tief in das Wasser, ergreift einen Fisch und fliegt danach auf

Die Zehen haben auf der Unterseite spitze Schuppen und tragen spitze, stark gekrümmte Krallen.

Baut ein Nest in hohen Bäumen und verwendet es mehrere Jahre

Brutgebiete

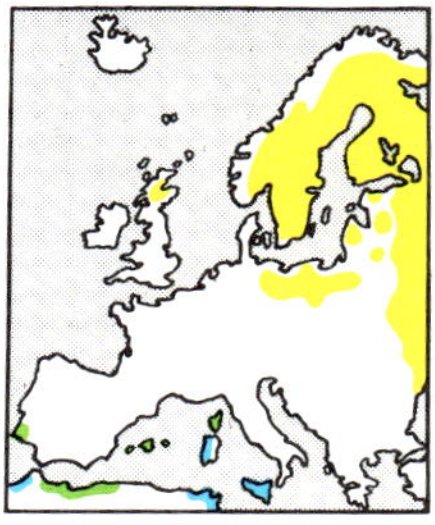

Schleiereule ○

Etwa 34 cm. Es gibt mehrere Formen: Die mitteleuropäische Form ist oberseits goldbraun und grau überlaufen, unterseits gelbbraun. In West- und Südeuropa lebende Formen sind unterseits fast weiß. Nistet in Gebäuden und jagt nachts auf Feldern.

◀ *Helle Form Süd- und Westeuropas*

▲ *Dunklere Form Mitteleuropas*

Erbeutet Mäuse, Kleinvögel, Kriechtiere und Insekten

Nistet ursprünglich in Baumhöhlen, heute in Gebäuden ▶

Fliegt ganz geräuschlos

Im Brutgebiet Jahresvogel

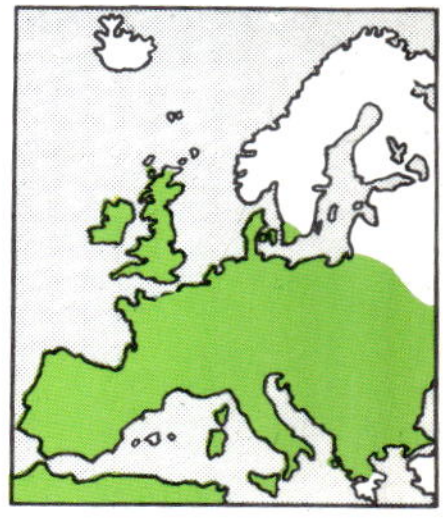

Uhu

66–71 cm. Ist fast so groß wie ein Adler, aber nachts aktiv. Hat große, orangefarbene Augen. Lebt in dichten Laub- und Nadelwäldern, an Felswänden und in der Nähe von Gewässern, in Afrika aber in der Wüste. Ruft laut und tief „uhu“, aber auch „kweck, kweck“.

Die Ohrbüschel sin im Flug nic zu sehen.

Jagt Säugetiere bis zur Größe von Hasen, seltener von Rehen, aber auch Kriechtiere und Insekten

Fliegt nachts, fliegt am Tage nur auf, wenn er gestört wird

Ist in der Dämmerung manchmal zu sehen, plustert sich Feinden gegenüber auf und wirkt dann noch größer

Im Brutgebiet Jahresvogel

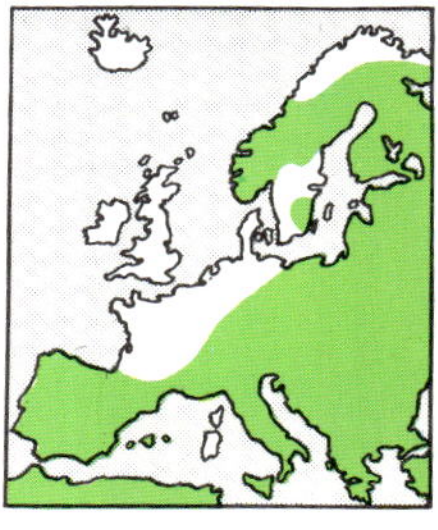

Schnee-Eule ○

54–66 cm. Die einzige Eule mit weißer Grundfärbung; die braunen Flecken sind bei jedem Tier anders. Lebt auf der Tundra, selten in felsiger Landschaft. Jagt am Tage, vor allem Lemminge, in schlechten Jahren aber auch Eiderenten.

Frißt Kleinsäuger und Vögel, in Nordeuropa meist Lemminge

◄ Die Weibchen sind größer als die Männchen und braun gefleckt.

Im Brutgebiet Jahresvogel, sonst Wintervogel

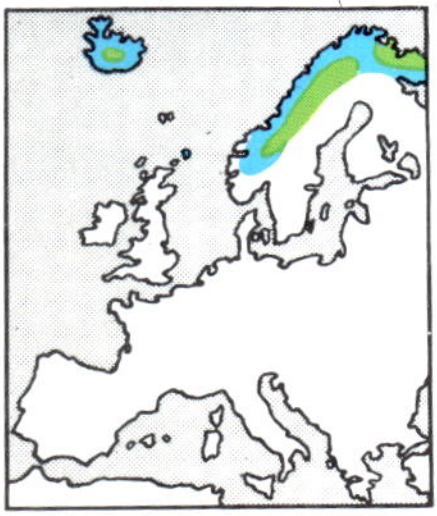

Das Nest wird auf der Erde angelegt, von den Nestlingen überleben in Notjahren nur die stärksten.

Sperbereule

36–41 cm. Hat einen schrillen, an einen Falken erinnernden Ruf wie „ki-ki-ki“. Fliegt niedrig über dem Erdboden. Lebt in lockeren Nadel- und Laubwäldern und ist nicht scheu. Erbeutet vor allem Mäuse. Brütet in Baumhöhlen.

Sitzt gern auf Baumwipfeln oder Leitungsmasten ►

▲ *Hat eine gefleckte Unterseite und ein weißes, mit einem schwarzen Streifen umrahmtes Gesicht*

Zeigt im Flug kurze, spitze Flügel und einen langen Schwanz

◄ *Ist im Flug einem Greifvogel ähnlich*

Im Brutgebiet Jahresvogel

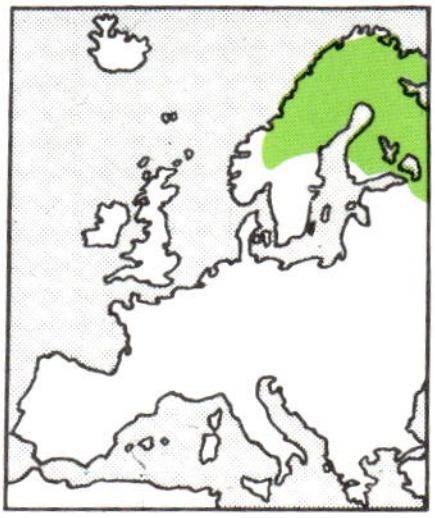

► Steinkauz

Etwa 22 cm. Hat einen auffallend flachen Kopf und helle, gerade „Augenbrauen“, die Oberseite ist hell gefleckt. Lebt in offener Landschaft mit eingestreuten Bäumen, oft in der Nähe von Ortschaften. Ist sehr selten geworden.

Frißt Kleinsäuger, Vögel, aber auch Regenwürmer

Im Brutgebiet Jahresvogel

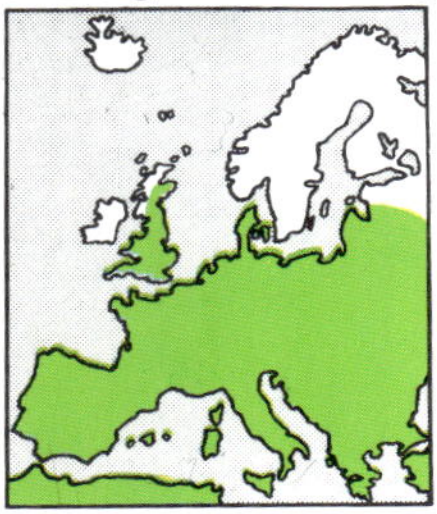

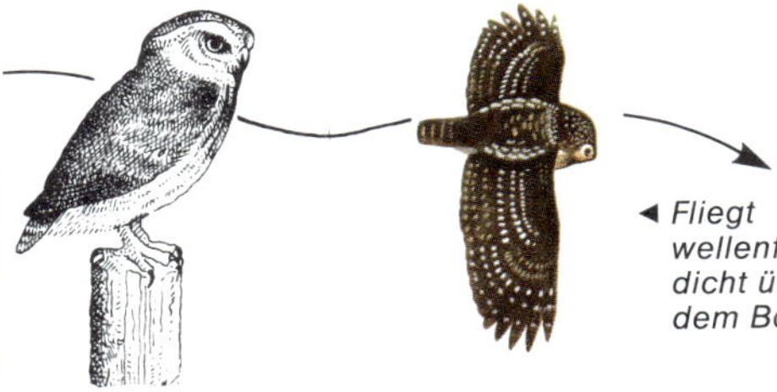

◄ *Fliegt wellenförmig dicht über dem Boden*

◄ Sperlingskauz

15–17 cm. Ist nur so groß wie ein Star und mit keiner anderen Eule zu verwechseln. Sitzt in Baumkronen. Lebt in alten Nadel- und Mischwäldern und jagt Vögel, z. B. Tannenmeisen und Goldhähnchen, aber auch Kleinsäuger.

◄ *Hat helle, gewölbte „Augenbrauen“*

Jagt sowohl tagsüber als auch nachts

Sitzt oft in Baumspitzen, wippt mit dem Schwanz

Im Brutgebiet Jahresvogel

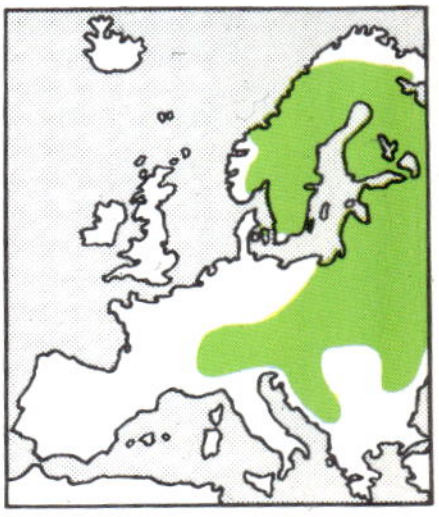

Waldkauz

37–40 cm. Ist des Nachts aktiv und verschläft den Tag auf Bäumen oder in Mauer- und Felsnischen. Wenn ihn andere Vögel entdecken, belagern und beschimpfen sie ihn. Hat dunkle Augen und keine Ohrbüschel. Ruft laut „hu-hu" und „hu-u-u-u".

Nistet in Baumhöhlen, alten Krähennestern und in Gebäuden ►

▲ *Frißt Kleinsäuger – vor allem Mäuse –, Vögel, Lurche, Insekten und Würmer Greift sogar Kaninchen an*

Hat abgerundete Flügel und einen kurzen Schwanz ▼

Die häufigste mittelgroße Eule, ist braun oder grauweiß gefärbt

Lebt auch in Ortschaften und nimmt sogar Nistkästen an

Im Brutgebiet Jahresvogel

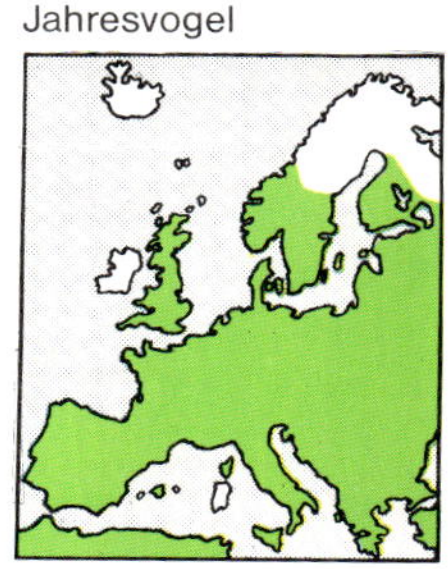

► Habichtskauz ○

Etwa 60 cm. Ruft wie der Waldkauz, aber auch bellend „hau-hau“ und „quäk“. Lebt in Misch- und Nadelwäldern, jagt Säugetiere (bis zum Eichhörnchen) und Vögel (bis zum Haselhuhn), aber auch Frösche und Insekten.

Im Brutgebiet Jahresvogel

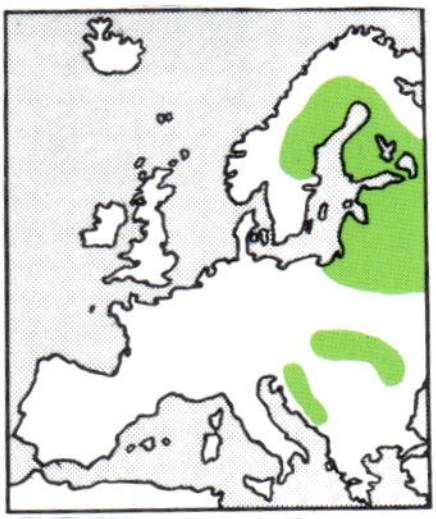

Hat einen langen, quergebänderten Schwanz

Hat einen hellen, einfarbigen Schleier und dunkle Augen

◄ Nistet in Baumhöhlen

Hat einen auffallend gezeichneten Gesichtsschleier mit dunklem „Kinnfleck“ sowie gelbe Augen

Hat breite, gerundete Flügel

Brütet in verlassenen Nestern anderer Vögel

◄ Bartkauz ○

65–70 cm. Ist fast so groß wie ein Uhu, hat aber einen längeren Schwanz und kleine „Ohrbüschel“. Ruft ein tiefes „hu-hu-hu“. Lebt in Nadelwäldern und jagt auch am Tage Lemminge, Mäus und Eichhörnchen.

Im Brutgebiet Jahresvogel

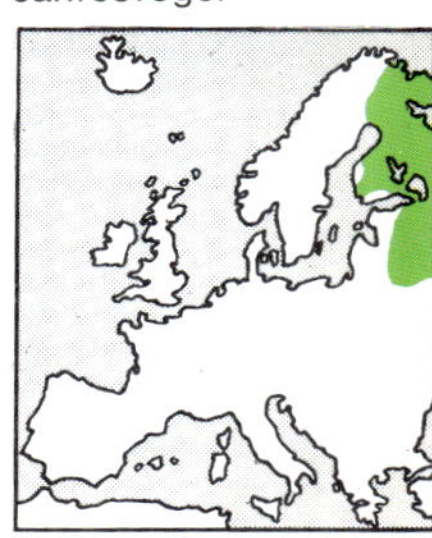

Waldohreule ○

33–36 cm. Sieht aus wie ein kleiner Uhu. Ist vom Waldkauz durch die „Ohrbüschel“ und die orangefarbenen Augen zu unterscheiden. Lebt in Nadel- und Mischwäldern, Parks, auf Heiden und Sümpfen. Jagt vor allem Mäuse, nur im Winter auch Vögel.

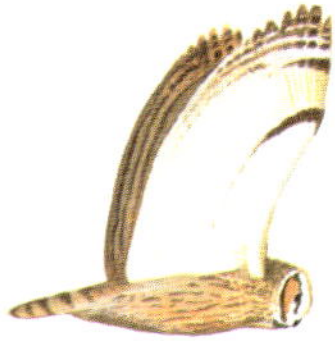

Ist auf der Unterseite längs- und quergestreift; die „Ohrbüschel“ sind im Flug nicht zu sehen.

Die Flügel werden tief nach unten durchgeschlagen.

Im Winter sitzen kleine Schwärme auf Schlafbäumen.

Brütet oft in verlassenen Nestern von anderen Vögeln

Brutgebiete, stellenweise nur Wintervogel

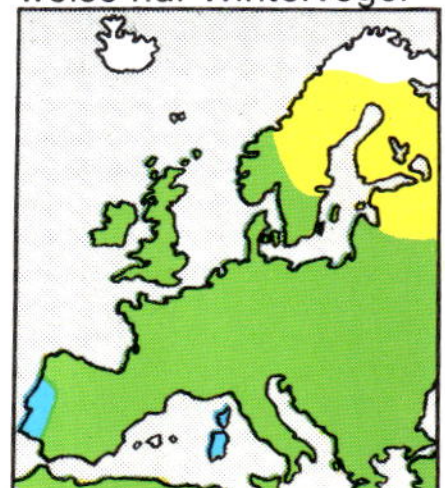

Sumpfohreule ○

Etwa 38 cm. Ist vor allem am Tage aktiv. Ruft im Flug bellend „ki-äw". Lebt auf Mooren, sumpfigen Wiesen und in Heidegebieten. Jagt kleine Nagetiere, z. B. Wühlmäuse, im Norden Lemminge, außerdem Vögel und Insekten.

Die Unterseite ist hell und nur längsgestreift.

▲ *Kann auch am Tage beobachtet werden, wenn sie auf offenem Gelände jagt*

Unternimmt bei Nahrungsmangel weite Wanderungen

Hat lange und schmale Flügel

◀ *Das Nest wird auf dem Boden angelegt und aus Pflanzenteilen aufgebaut.*

Der Gleitflug geht plötzlich in einen Sturzflug über.

Brutgebiete, in großen Zonen nur Wintervogel

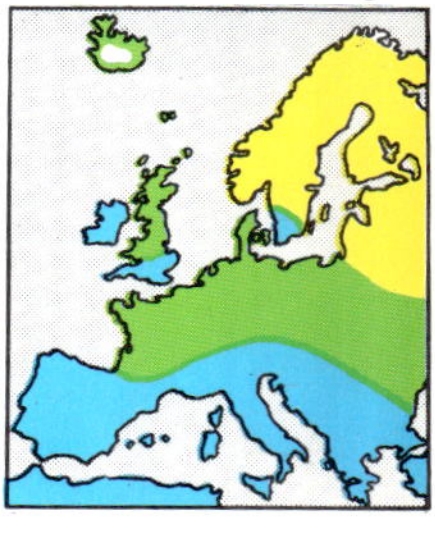

► Rauhfußkauz ○

24–26 cm. Sitzt steil aufgerichtet. Hat befiederte Zehen. Ruft „bu-bu-bu". Lebt in alten Wäldern, jagt nur nachts und verbringt den Tag in einem dichten Baum. Frißt Nagetiere, Spitzmäuse und Vögel.

Jungvögel sind braun und haben eine X-förmige Gesichtszeichnung.

Altvogel

Hat einen dicken, ► runden Kopf

Im Brutgebiet Jahresvogel

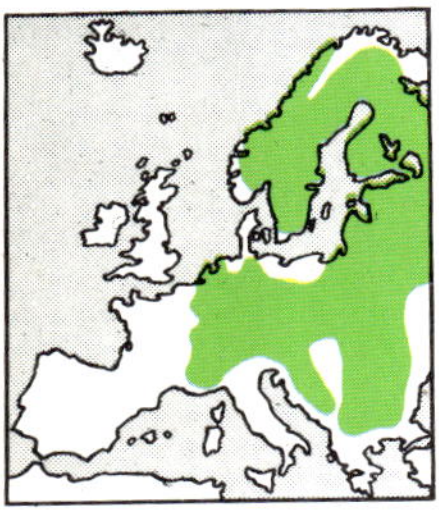

◄ Die Oberseite ist dunkel gefärbt und hell gefleckt, die Flügel sind abgerundet.

◄ Ist durch sein Gefieder kaum von alten Baumstämmen zu unterscheiden

◄ Zwergohreule ○

Etwa 19 cm. Klein, schlank, mit graubraunem, hell und dunkel getupftem Gefieder. Hat kurze „Ohrbüschel". Lebt in offenem Gelände mit einzelnen Baumgruppen. Jagt nachts Insekten, seltener Mäuse und Vögel.

Ist selten im Flug zu sehen

Brutgebiete

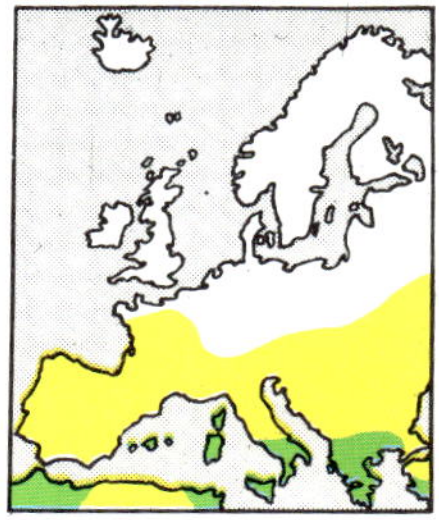

Ruft in kurzen Abständen „dju"

Flugbilder der Greifvögel

Greifvögel kann man meist nur im Flug und aus größerer Entfernung sehen. Deshalb sind ihre Farben schwer zu erkennen. Für die Bestimmung werden dann die Flugbilder verwendet. Alle hier gezeigten Vögel sind im Maßstab 1 : 40 dargestellt. Bei den Adlern, die erwachsen sehr ähnlich sind, werden die Flugbilder der Jungvögel gezeigt, bei anderen Greifvögeln werden Männchen (♂) und Weibchen (♀) gezeigt.

Geier

Mönchsgeier

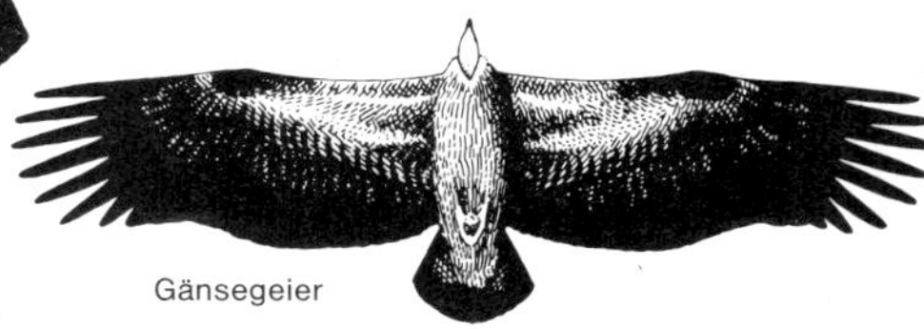
Gänsegeier

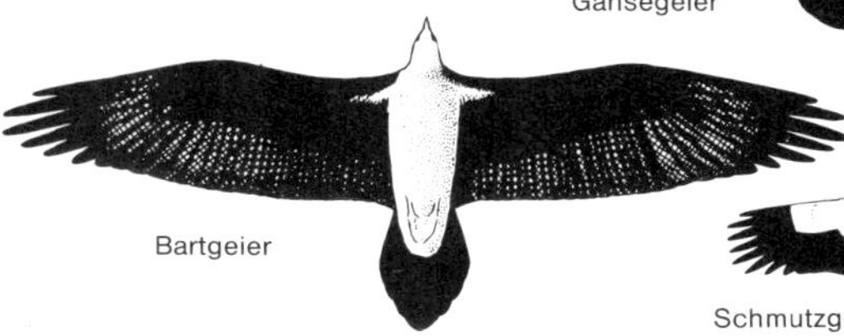
Bartgeier

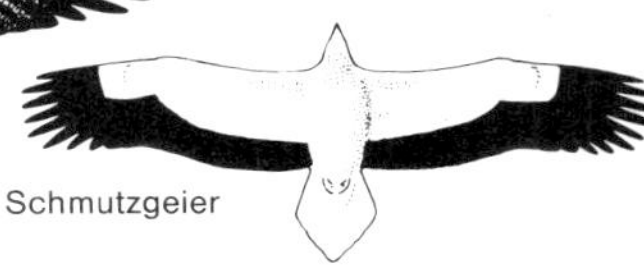
Schmutzgeier

Adler

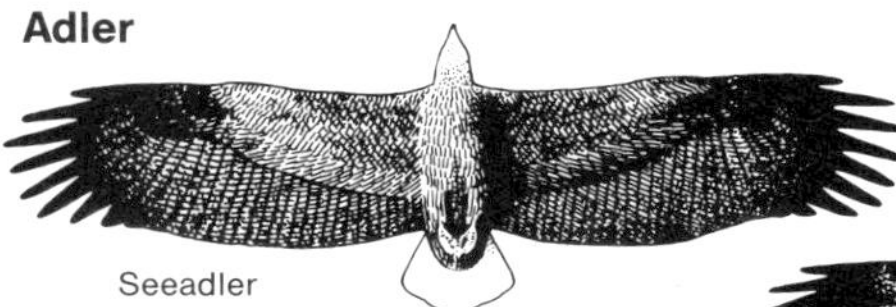
Seeadler

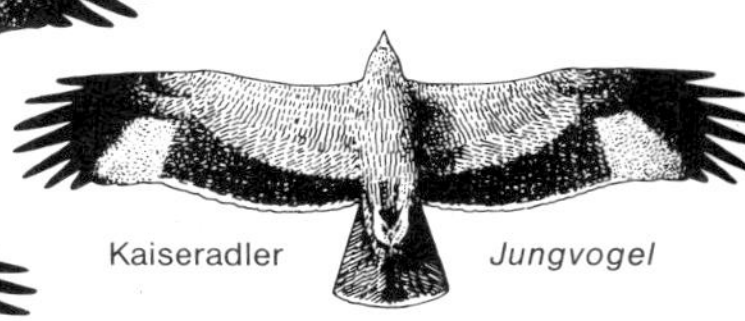
Kaiseradler *Jungvogel*

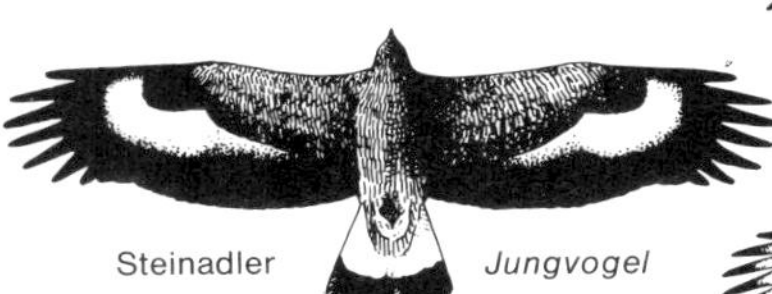
Steinadler *Jungvogel*

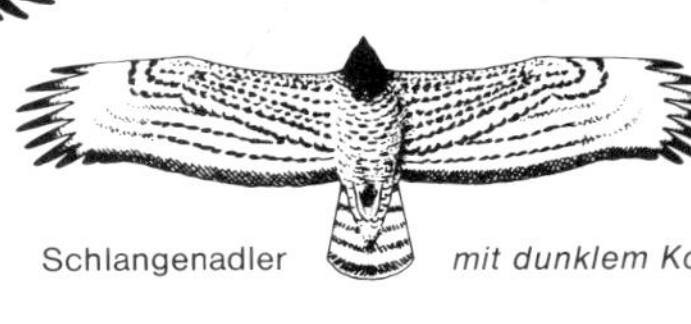
Schlangenadler *mit dunklem Kopf*

Adler

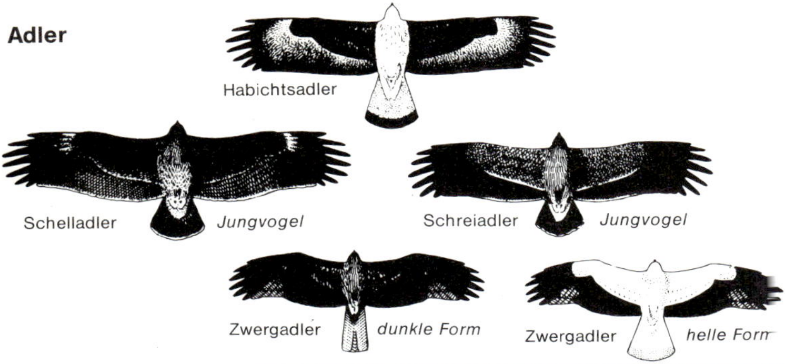

Bussarde und Wespenbussarde

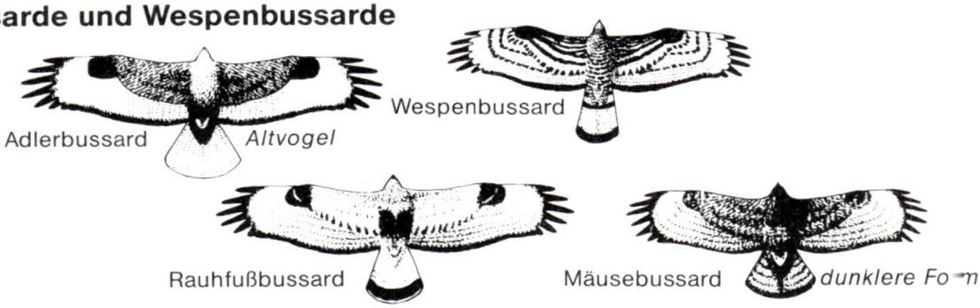

Milane und Gleitaar

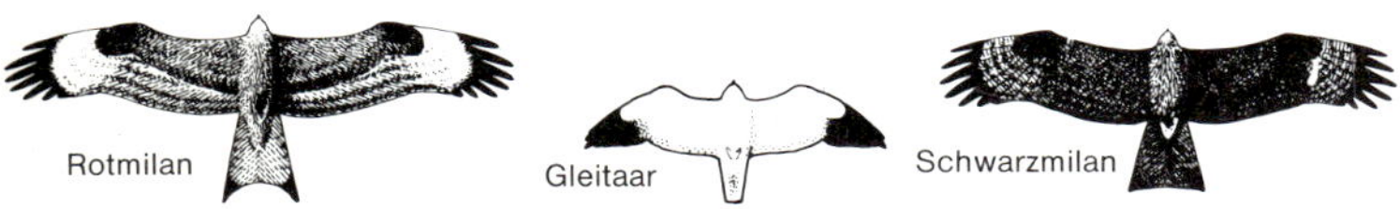

Weihen

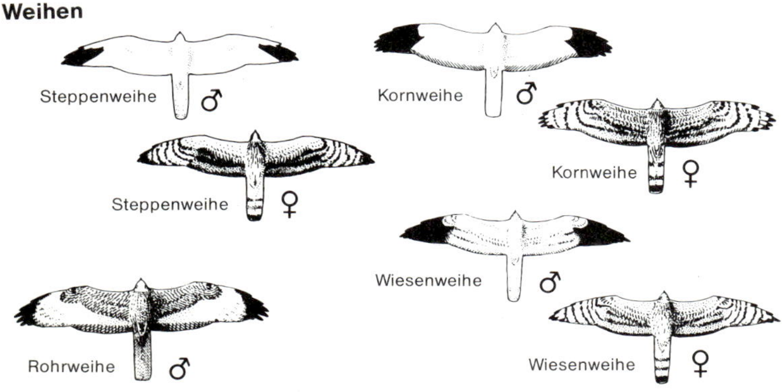

Fischadler

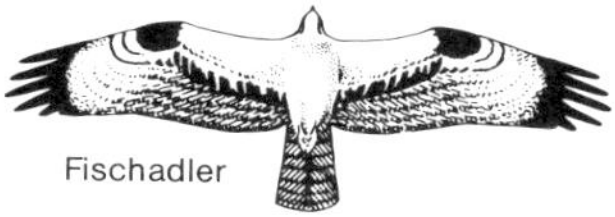

Habichte

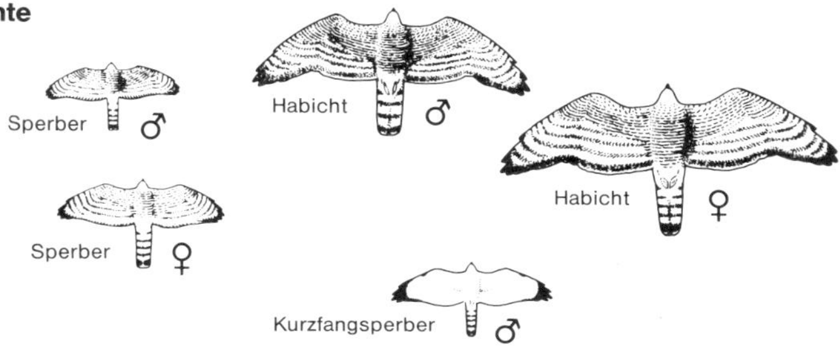

Falken

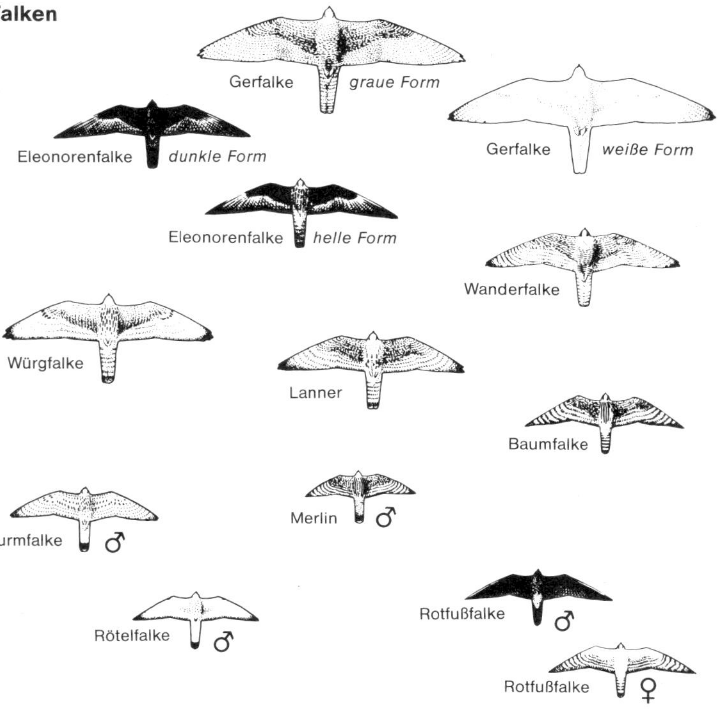

Warum sind Greifvögel und Eulen selten?

Greifvögel und Eulen sind keine häufigen Vögel: Sie brauchen ein großes Jagdgebiet, um sich ernähren zu können. Sie brauchen mehrere Jahre, um erwachsen zu werden; so paaren sich z. B. Adler erst, wenn sie mindestens fünf Jahre alt sind. Deshalb sind diese Tiere besonders gefährdet und vom Aussterben bedroht.

In der modernen Landwirtschaft werden viele giftige Stoffe verwendet, um „Unkraut" und „Schädlinge" zu vernichten. Diese Gifte zerfallen sehr langsam in ihre Bestandteile, und viele wandern mit der Nahrung von der Pflanze in einen Pflanzenfresser (z. B. eine Maus) und von dort in einen Greifvogel (z. B. einen Falken). Wenn ein Greifvogel, eine Eule viele solcher Mäuse fressen, so reichern sich die Giftstoffe in ihrem Körper an, sie erkranken und sterben. Manche Vögel vermehren sich nicht mehr, bei anderen haben die Eier eine so dünne Schale, daß sie zerbricht, bevor ein Jungvogel ausgeschlüpft ist.

Oft wird der Lebensraum der Greifvögel und Eulen durch Neubauten oder das Abholzen von Wäldern zerstört. Aber auch aus intakten Wäldern, die ihnen zusagen, werden die Vögel von Spaziergängern und neugierigen Vogelliebhabern vertrieben.

Einige Greifvögel und Eulen werden in manchen Gegenden erbarmungslos verfolgt, weil man annimmt, daß sie Haustiere jagen und erbeuten. Kontrolliert man die Nahrung dieser Vögel, so stellt sich heraus, daß sie zwar hin und wieder ein Huhn oder eine Taube schlagen, der angerichtete Schaden sehr gering ist. Durch das Abschießen, das Ausnehmen der Nester, das Fangen mit Fallen und Auslegen von vergiftetem Fleisch wird dem Haushalt der Natur viel mehr Schaden zugefügt als durch die „Raubvögel".

Früher wurden Greifvögel oft abgeschossen, um sie auszustopfen und im Zimmer aufzustellen. Diese törichte Mode ist heute überholt, sie hat aber gerade die großen Vögel selten gemacht.

Die Nester wurden früher oft ausgenommen, die Eier ausgeblasen und in eine Sammlung getan.

Jungvögel – vor allem Falken – werden auch heute noch gefangen und an „Möchtegern-Falkner" verkauft.

Der *Seeadler* war früher in Europa und Asien weit verbreitet. Heute ist er in vielen Gebieten ausgerottet, und in Mitteleuropa gibt es ihn häufiger nur noch im Ostseeraum. Störung durch den Menschen und Pestizide haben ihn selten gemacht.

Der *Fischadler* gehört zu den Greifvögeln, die vom Menschen stark verfolgt wurden. Man glaubt, daß er in Fischteichen großen Schaden anrichtet. Aber diese Schäden werden stark überschätzt. Wenn der Vogel nicht genügend Nahrung findet, schlägt er auch Mäuse, Vögel, Frösche und Insekten.

Der *Wanderfalke* war früher fast über die ganze Erde verbreitet. Nur an den Erdpolen und in den Wüstengebieten fehlte er. Heute ist sein Bestand überall stark zurückgegangen. So gab es in Deutschland um 1950 noch etwa 400 Brutpaare, 1968 waren es nur noch 75. Schädlingsbekämpfungsmittel und die Verfolgung durch den Menschen sind die Ursachen.

Der *Turmfalke* hat sich an den Menschen gewöhnt. Er nistet – oft in größeren Kolonien – in Kirchtürmen, Dachstühlen und selbst in Hochhäusern. Dabei läßt er sich auch von großem Lärm nicht stören.

Vogelzug

Wie die meisten Vögel ziehen auch die Greifvögel und Eulen im Herbst in wärmere Gebiete, wo sie den Winter verbringen. Der Grund dafür ist weniger die Kälte als vielmehr der Mangel an Nahrung. Mäuse und andere Kleinsäuger halten einen Winterschlaf oder haben sich in Baum- und Erdhöhlen vor der Kälte geborgen, und auch die Kriechtiere und Insekten sind verschwunden.

Wohin geht der Vogelzug?
Die meisten Greifvögel Skandinaviens sind Zugvögel. Sie sammeln sich im Herbst in Südschweden und ziehen über die Ostsee nach Süden. Die westeuropäischen Vögel ziehen über die Meerenge von Gibraltar nach Afrika, während die osteuropäischen über den Bosporus nach Kleinasien und von dort nach Afrika fliegen. Da die Vögel große Wasserflächen meiden, fliegen nur wenige über Sizilien nach Nordafrika. Im Frühjahr kehren sie nach Norden zurück, wo die Tage länger sind, wo es viele Pflanzen gibt und wo sie genügend Nahrung für sich und ihre Nachkommen finden.

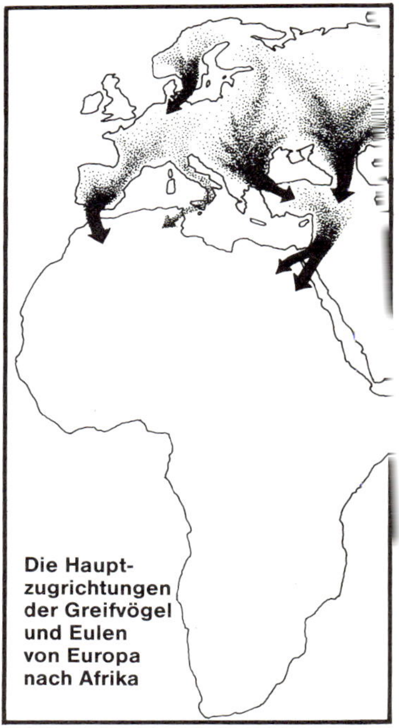

Die Hauptzugrichtungen der Greifvögel und Eulen von Europa nach Afrika

Der *Wespenbussard* gräbt die Bodennester von Wespen und Hummeln aus, um an die nahrhaften Puppen zu kommen. Wenn es ihm im Herbst an dieser Nahrung fehlt, ernährt er sich von Fröschen, Vögeln und Eiern, aber auch von Früchten und Beeren. Zuletzt zieht er nach Süden und überwintert im tropischen Afrika.

Der *Baumfalke* kann, wie viele Greifvögel, große Strecken zurücklegen, aber bei dem schnellen Flug verliert er viel Kraft. Die europäischen Baumfalken überwintern in Afrika südlich der Sahara. Während ihres Fluges erbeuten sie kleine Zugvögel und ergänzen auf diese Weise die verlorene Energie.

Die *Sumpfohreule* brütet bei uns in Norddeutschland und auf manchen Nordseeinseln. Einige Brutpaare bleiben auch im Winter hier, während andere bis in das tropische Afrika ziehen. Solche Vögel nennt man Teilzieher.

Abgesehen vom jährlichen Vogelzug nach Süden wechseln die Greifvögel und Eulen manchmal auch im Sommer ihr Gebiet. Meist werden sie durch Nahrungsmangel dazu gezwungen. So ziehen Schnee-Eulen nach Süden, wenn es im eigentlichen Brutgebiet zu wenig Lemminge gibt.

Woher weiß man das?

Aluminiumring

Ein junger Turmfalke wird beringt.

Einen einzelnen Vogel kann man auf seiner Wanderung nicht verfolgen. Viele Informationen, über die man heute verfügt, stammen aus der Beringung. Dabei erhalten die Jungvögel einen leichten Fußring, auf dem Datum und Ort vermerkt sind. Wenn ein beringter Vogel lebendig oder tot wiedergefunden wird, erfährt man aus diesen Daten viel über sein Alter und seine Wanderung.

Kleine Metallplättchen mit einem Buchstaben oder einer Zahl kann man auch beim fliegenden Vogel mit einem Fernglas ablesen.

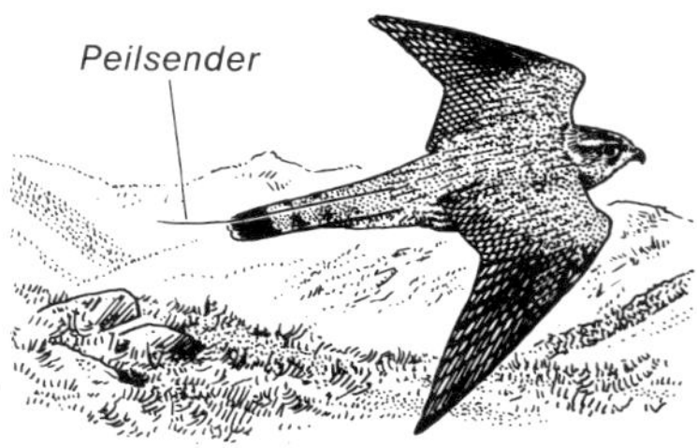

In neuerer Zeit ist es auch möglich, einen einzelnen Vogel zu verfolgen, wenn er mit einem kleinen Peilsender versehen wird.

Wo sich die großen Greifvögel vor dem Wanderzug versammeln, kann man sie beobachten und zählen.

Jagen und erbeuten

Die Greifvögel und Eulen jagen ihre Beutetiere und ergreifen sie mit den Krallen. Ihre Füße sind deshalb – anders als bei anderen Vögeln – weniger zum Laufen als vielmehr zu wirksamen Waffen ausgebildet. Die meisten Greifvögel töten ihre Beute mit den Krallen. Sie haben drei nach vorn und eine nach hinten gerichtete Zehe, mit denen sie fest zugreifen und die Tiere erwürgen oder ihnen das Genick brechen. Der sehr kräftige und scharfe Schnabel dient dagegen zum Zerreißen der Körper, die in Stücken verschlungen werden.

Einige Jagdmethoden

Der *Waldkauz* jagt von einem Ansitz aus. Er hört seine Beute, die er in leisem Anflug überrascht und mit einem schnellen Griff tötet.

Geier und *Adler* gleiten mit weit ausgebreiteten Flügeln in großer Höhe und nützen den Aufwind aus. Sie suchen weite Gebiete nach Nahrung ab.

Die *Rohrweihe* und auch die *Schleiereule* fliegen mit langsamen Flügelschlägen sowie im Gleitflug dicht über den Boden und suchen Beute.

Der *Turmfalke* „rüttelt" mit schnellen Flügelschlägen an einer Stelle und beobachtet jede Bewegung auf dem Boden.

Der *Sperber* fliegt blitzschnell und elegant durch die Baumkronen.

Der *Baumfalke* jagt und erbeutet Vögel in der Luft.

Der *Wanderfalke* jagt fliegende Vögel, indem er von einem Ansitz aus im Sturzflug auf sie stößt.

Der *Fischadler* stürzt sich mit nach vorn gerichteten Füßen ins Wasser und ergreift einen Fisch.

Die verschiedenen Jagdmethoden erfordern jeweils eine bestimmte Flügelform (siehe die Seiten 4 – 5 und 49 – 51). Die Füße und Krallen sind ebenfalls auf verschiedene Beute spezialisiert.

Füße und Krallen

Der *Uhu* hat lange, scharfe und kräftige Krallen, mit denen er Säugetiere bis zur Größe eines Fuchses töten kann.

Die Füße des *Wespenbussards* haben kurze Krallen und lange, dünne Zehen. Sie werden zum Ausgraben von Wespennestern benutzt.

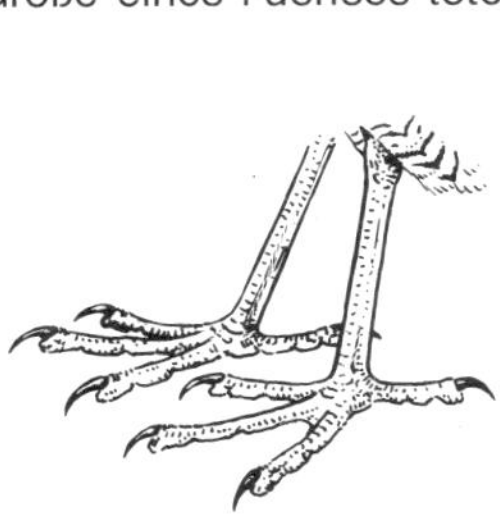

Der *Sperber* hat lange Beine und eine verlängerte Mittelzehe. So hat er eine größere Greifweite bei der Jagd auf Vögel.

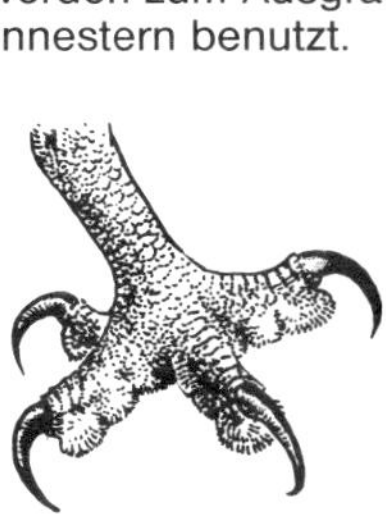

Der *Fischadler* hat zwei nach vorn und zwei nach hinten gerichtete Zehen mit dornenähnlichen Schuppen. Damit ergreift er Fische.

Gewölle

Eulen und auch viele Greifvögel verschlingen kleinere Beutetiere im ganzen. Dadurch sammeln sich im Magen des Vogels unverdauliche Teile wie Haare, Federn und auch Knochen. Sie ballen sich zu einem wurstförmigen Gewölle zusammen und werden vom Vogel ausgewürgt. Das geschieht normalerweise 8 – 24 Stunden nach der Nahrungsaufnahme. Nicht nur Greifvögel und Eulen werfen Gewölle aus, sondern auch Reiher, Brachvögel, Eisvögel, Möwen, Krähen und viele andere.

Einige häufig zu findende Gewölle

← *Etwa 5 cm* →

Waldkauz. Das Gewölle ist meist von grauem Fell überzogen und enthält viele ganze Knochen. Es ist unter Bäumen zu finden und zerfällt leicht im Regen.

← *Etwa 5 cm* →

Schleiereule. Das Gewölle ist von einer schwarzgrauen Rinde überzogen und in Kirchen und Ruinen zu finden. Es enthält ganze Knochen und zertrümmerte Schädel.

← *Etwa 3 cm* →

Turmfalke. Das Gewölle ist unter Bäumen und Masten zu finden. Ein Ende ist zugespitzt, das andere abgerundet. Es enthält Haare und Federn, aber nur wenige Knochen.

← *Etwa 6 cm* →

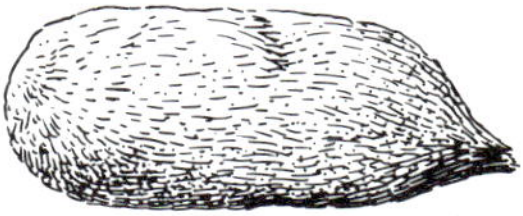

Mäusebussard. Das große Gewölle ist an einem Ende stumpf, am anderen zugespitzt; es besteht aus Haaren von Kleinsäugern und liegt unter Bäumen und Pfählen.

← *Etwa 1,5 cm* →

Rotschenkel. Das kleine, im Umriß eiförmige Gewölle enthält kleine Teile von Muschelschalen und Krebspanzern. Es ist am Meeresstrand zu finden.

← *Etwa 8 cm* →

Rotfuchs. Die Losung eines Fuchses ist schmierig und an einem Ende lang zugespitzt. Sie ist nicht mit einem Gewölle zu verwechseln und sollte nicht berührt werden!

Die notwendige Ausrüstung

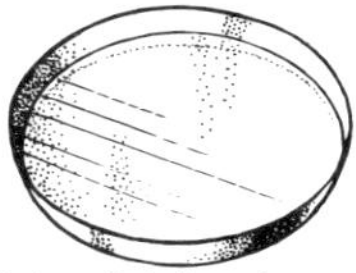

Kleine Schüssel mit Wasser

Desinfektionsmittel

2 Pinzetten oder 2 lange Nadeln

Vergrößerungsglas

Die Untersuchung von Gewöllen

Die Gewölle der Greifvögel und Eulen sind – im Gegensatz zur Losung (Kot) – verhältnismäßig sauber. Du kannst sie ruhig anfassen, wenn du dir anschließend die Hände wäschst.

1. Weiche die Gewölle in Wasser auf, damit die Haare und Federn nicht herumfliegen. Gib ein paar Tropfen Desinfektionsmittel hinzu, du erhältst es in jeder Drogerie.
2. Nimm zwei Pinzetten oder zwei lange Nadeln und zerzupfe das Gewölle.
3. Säubere und trockne die einzelnen Knochen und sortiere sie, z. B. Rippen, Zähne, Schenkelknochen und Schädel.
4. Klebe die Knochen auf ein Stück Pappe auf und versuche herauszubekommen, von welchem Tier sie stammen.

Bestandteile der Gewölle

In den Gewöllen der Eulen kannst du oft Knochen der Beutetiere finden und so erkennen, wovon sich die Eule ernährt. Meist findest du Knochen, Zähne und Schädelteile von Kleinsäugern. Auch Flügel und Beine von Käfern sind mit einem Vergrößerungsglas zu erkennen. Im Magen der Greifvögel werden die meisten Knochen zersetzt. Deshalb siehst du hier nur Haare und Federn.

Schädel einer Maus

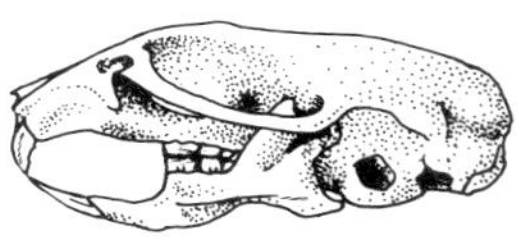

Schädel eines kleinen Vogels

Rippen *Zähne* *Schenkelknochen* *Hüftknochen* *Kiefer*

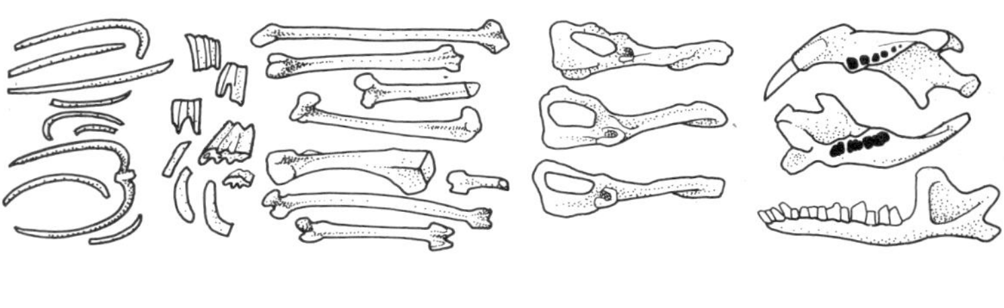

Brut und Aufzucht der Jungen

Der Größenunterschied
Bei den meisten Vögeln ist das Männchen größer als das Weibchen. Anders bei den Greifvögeln und Eulen: Hier ist meist das Weibchen größer. Der größte Unterschied ist bei den Habichten festzustellen, das Weibchen wiegt hier doppelt soviel wie das Männchen. Warum das so ist, weiß niemand zu sagen. Vielleicht, weil das Weibchen das Nest verteidigt, vielleicht, weil auf diese Weise das Nahrungsangebot größer ist. Das bewegliche Männchen jagt kleinere, flinke Beutetiere, das plumpere Weibchen kann schwerere Beute tragen.

Paarung
Wahrscheinlich verpaaren sich die meisten Greifvögel und Eulen für das ganze Leben. Auch die Zugvögel kehren im nächsten Jahr in ihr Revier zurück und treffen dort den Partner des Vorjahres. Kommt einer der beiden Partner um, so sucht der übriggebliebene einen neuen.

Die Vermehrungsrate
Greifvögel legen weniger Eier als andere Vögel, oft sind es nur 1 – 2, und nicht alle Greifvögel brüten in jedem Jahr. Große Adler brauchen außerdem 5 – 7 Jahre, um erwachsen zu werden und paaren sich erst dann zum ersten Mal. Dafür werden diese Tiere aber ziemlich alt, und von den Nestlingen sterben viel weniger als bei den Vögeln, die mehr Eier legen. Die kleineren Greifvögel werden dagegen früher geschlechtsreif, der Sperber bereits nach einem Jahr, und legen mehr Eier.

Die Größe des Geleges
Die Anzahl der Eier kann bei den Greifvögeln und Eulen, die in den

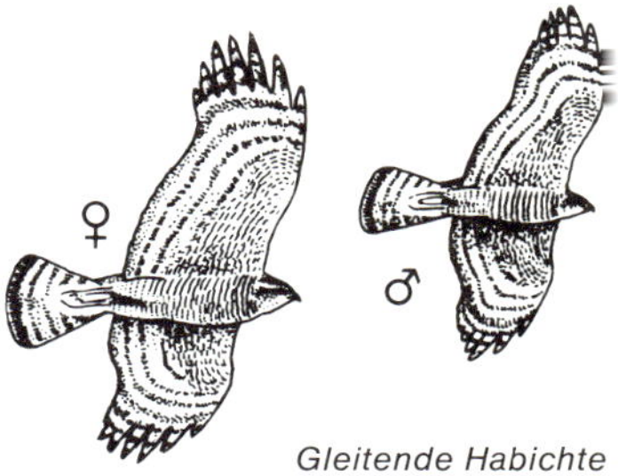

Gleitende Habichte

nördlichen Gebieten leben, sehr verschieden sein. Das hängt vom Angebot der Nahrung ab. In normalen Jahren legen sie 1 – 2 Eier; gibt es viele Lemminge oder Mäuse sind es machmal sogar 14 Eier.

Nestlinge
Sobald das Weibchen mit dem Legen beginnt, stellt es die Jagd nach Beutetieren ein und beginnt zu brüten. Während dieser Zeit schleppt das Männchen Nahrung heran. Da die Eier im Verlauf mehrerer Tage gelegt werden, schlüpfen auch die Jungen im Abstand mehrerer Tage. Im Nest sind dann Nestlinge verschiedenen Alters und verschiedener Größe und Stärke vorhanden. Kommt es jetzt zu einem Nahrungsmangel, so drängen sich die stärkeren Jungtiere beim Füttern nach vorn und die jüngeren erhalten so wenig Nahrung, daß sie verhungern.

Verschieden alte und große Nestlinge der Sumpfohreule

Wie man einen Vogel bestimmen kann

Um einen Vogel bestimmen zu können, mußt du die richtigen Bezeichnungen für die einzelnen Teile des Körpers und des Gefieders kennen. Ohne diese Fachworte kann man einen Vogel nicht beschreiben. Die wichtigsten Bezeichnungen findest du in den auf dieser Seite gezeigten Zeichnungen von Kopf und Körper.

Wenn du dir diese Fachworte eingeprägt hast, versuchst du am besten einmal, einen Vogel zu beschreiben, damit du auch die anderen „Merkmale" kennenlernst:

1. Die unterschiedliche Größe der Greifvögel und Eulen kann dir Hinweise geben, um welche Art es sich handelt.
2. Die Färbung ist sowohl beim sitzenden wie auch beim fliegenden Vogel ein wichtiges Erkennungsmerkmal.
3. Die Form und Größe des Schnabels und der Läufe geben Hinweise auf die Lebensart eines Vogels.
4. Die Flugbewegungen und das Flugbild sind für die Erkennung eines Greifvogels besonders wichtig, weil du sie am ehesten zu sehen bekommst.
5. Die Stimme ist ein wichtiges Erkennungsmerkmal. Auch wenn du den Vogel überhaupt nicht zu sehen bekommst, kannst du ihn bestimmen – wenn du seine Stimme kennst.

Turmfalke

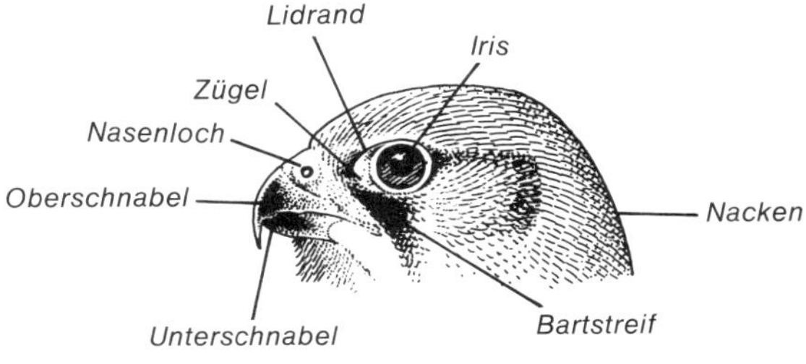

Rauhfußbussard

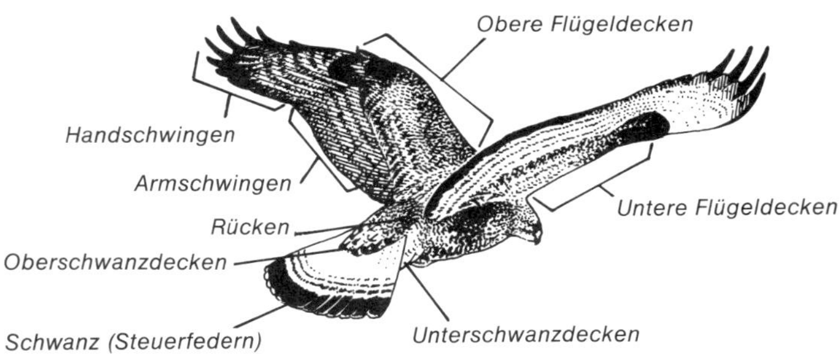

Deutsche und wissenschaftliche Namen

Gruppierung der Greifvögel und Eulen

Namenverzeichnis